웹소설 작가를 위한 장르 가이드 10
웹소설 작가 입문

《 웹소설 작가를 위한
장르 가이드 ❿ 》

Web Novelist
웹소설 작가 입문

김봉석·강상준 지음

북바이북

| 서문 |

웹소설이란 무엇인가에 대해 다시 한 번 생각해본다. 웹소설이라는 말은 미스터리나 SF처럼 장르를 구분하는 표현이 아니고, 아동이나 청소년 소설처럼 독자 집단으로 나누는 표현도 아니다. 무엇으로 소설을 읽는가에 따른 분류라고 하는 것은 너무 편의적으로 보인다. 1990년대 후반, PC통신과 인터넷 게시판에 올라온 소설은 자체로도 인기가 좋았고, 종이책으로 출간된 후에도 베스트셀러가 되었다. 그런 소설들을 당시에는 인터넷 소설이라고 불렀다. 이전에 있던 '일간지 연재소설'이라는 말과도 비슷했다. 연재를 하다 보면 독자의 기호에 맞추고, 다음 회를 읽게 하는 기술이 정형화되고, 일정한 형식이 만들어지기도 하니까.

한국에서 인터넷 소설이 화제였을 때 일본에서는 게타이 소설이 인기였다. 게타이 소설은 10대와 20대 여성을 중심으로 폭발적인 인기를 끌었으며, 『연공』, 『붉은 실』 같은 작품은 드라마와 영화로 만들어지기도 했다. 게타이는 일본말로 핸드폰이라는 뜻이다. 즉 핸드폰으로 읽는 소설이다. 게타이 소설이 기존 소설과 다른 점으로는 작가가 독자와 동세대이고, 독자였다가 작가로 전환하는 경우가 대부분이고, 댓글을 통해서 내용이 바뀌거나 하는 상호작용이 많았다는 것 등이 꼽혔다. 지금은 게타이 소설이라는 말이 사라졌다. 이런 작가, 이런 방식으로 창작된 소설이 기존의 소설 범주 안으로 완만하게 들어가게 된 것이다. 마찬가지로 한국의 웹소설도 단지 새로운 매체가 아니라 기존 소설의 영역으로 통합되는 것이 필요하다. 웹소설 플랫폼이 소설 플랫폼으로 폭넓게 성장하고, 다양한 장르와 소재의 소설들이 나와야 한다.

한국에서는 워낙 장르소설의 기본이 취약했다. 1980년대까지 대중소설은 김성종의 추리소설을 시작으로 스포츠신문에서 인기를 끌었던 야하고 폭력적인 범죄소설이 대부분이었다. 만화방과 대여점을 중심으로 언제나 호황이었던 무협지를 제외하면. 그렇기에 인터넷 게시판을 통해서 판타지와 호러와 로맨스 등 장르적인 특성이 명확한 소설이 등장했을 때 이전 한국 소설의 전통이나 흐름을 통한 장르 구분이 불가능했다. 그래서 새로운 의미를 부여하여 인터넷소설이라고 불렀다. 인터넷소설, 웹소설이라고 매체와 형식에 대해서만 이야기해도 장르적 특성까지 설명하는 것이 가능했다. 인터넷소설, 웹소설에서 유독 미스터리가 취약한 이유도 한국 대중소설에서 미스터리가 비교적 미약했기 때문이라 할 수 있다.

인터넷 소설과 웹소설은 작가도, 독자도, 창작 방식과 독자와의 소통 방식도 기존의 소설과 워낙 달랐기에 새로운 분류가 필요했다. PC를 통해 읽는 방식이 모바일을 통해 읽는 것으로 바뀔 때에도 차이가 있다. 내용은 크게 변화가 없지만 수용의 방식과 환경이 변화했으니까. PC로 읽을 때에는 길게 이어지는 글도 어느 정도 수용이 가능했다. 하지만 모바일로 보는 것은 많은 경우 이동 중이거나 잠깐 시간을 낼 때다. 그래서 '스낵 컬처snack culture'라는 말이 생겨났다.

지금은 또 달라졌다. 모바일은 우선 휴대할 수 있다는 것이 중요하고 그것 자체가 가장 큰 강점이지만, 더 중요한 것은 디바이스의 측면, 즉 개인 매체라는 점이다. 덕분에 외부에서만이 아니라 집에서도 PC나 TV 없이 스마트폰이나 스마트패드만으로 모든 것을 소비하고 접하는 경우가 늘어났다. 짧은 시간과 불편한 환경에서 모바일이 쓰이는 것이 아니라 쾌적한 환경에서 긴 시간을 소비할 때에도 모바일 기기를 그대로 사용한다. 모바일을 기반으로 한 콘텐츠는 기본적으로 짧고, 부분적으로 소비하는 경우가 많았지만 이제는 상황이 달라졌다. 카드 뉴스가 이미 한계에 다다른 것처럼 모바일은 스낵 컬처만이 아니라 그 이상의 메인 컬처도 요구하게 되었다.

    그런 점에서 지금 웹소설은 한창 진화 중으로, 다양한 모습을 일반 독자에게 보여줘야 할 시기다. 웹소설은 유치하고 가볍게 읽을 수 있는 소설이라고 생각하는 편견을 넘어서야 한다. 최근에 요리사, 매니저, 의사 등 전문직을 소재로 하는 웹소설이 많아지는 경향은 그런 점에서 의미가 있다. 가상의, 황당한 이야기를 흥미롭게 배치하는 것만이 아니라 현실의 이야기를 끌어들여 엔터테인먼트를 만들어낼 수 있어야 한다. 즉 웹소설 작가가 되기 위해서는 기존의 방식을 따라가는 것만이 아니라 새롭게 자신의 길을 만들어가야 한다.

    그러기 위해서는 일단 어딘가에 연재를 해야 한다. 기왕이면 인기도 있어야 한다. 그런데 웹소설 플랫폼마다 독자 성향이 다르기 때문에 좋은 작품이 어디에서나 인기를 얻는 것은 결코 아니다. 네이버 웹소설에서 인정을 받고 원고료를 받으며 연재를 하면 유명해지고 돈도 벌 수 있겠지만, 다른 길도 얼마든지 있다. 그런 점에서 웹소설 작가로 데뷔하기 위해 어떤 과정을 거쳐야 하는지 알아볼 필요가 있다. 이 책은 네이버 웹소설을 중심으로 웹소설 작가가 되기 위해 필요한 몇 가지 이야기들을 하고 있다. 자신의 작품을 제대로 읽어줄 독자들이 있는 플랫폼에 연재를 하는 것이 좋은지,

독자와 어떻게 상호관계를 유지하면서 작품을 쓰면 좋을까에 대한 이야기들이다.

물론 제일 중요한 것은 내가 무엇을 쓰고 싶은가이다. 하고 싶은 이야기가 무엇이고, 어떤 인물의 어떠한 선택을 보여줄 것인지. 그것이 명확하다면 독자는 다음 문제다. 일단 쓰는 것. 그리고 독자와 커뮤니케이션을 하며 더 나은 방향으로 작품을 이끌어가는 것. 그것이 웹소설의 연재에 필요한 기술이다.

2017년 5월

김봉석, 강상준

차례

서문   05

1. 웹소설 작가를 위한 오리엔테이션

웹소설이란 무엇인가   14

웹소설의 현황   20

웹소설의 트렌드   26

이런 웹소설을 원한다   37

2. 웹소설은 장르소설이다

장르란 무엇인가   48

장르의 공식, 따를 것인가 말 것인가?   52

재미가 없으면 의미도 없다   56

작가 vs. 독자   60

한국 웹소설의 지형도   65

3. 장르별 웹소설 탐구

로맨스	72
무협	82
판타지	96
미스터리	101
공포	104
라이트 노벨	110
부록 1 | 웹소설 작가 인터뷰 _최영진(청빙)	117
부록 2 | 웹소설 플랫폼 및 공모전	131

1
웹소설 작가를 위한 오리엔테이션

웹소설이란 무엇인가

웹소설 이전에 인터넷 소설이 있었다. 1990년대 중반은 인터넷이 대중적으로 쓰이기 이전이었고, 하이텔과 천리안 등 PC 통신을 통해 정보 교환과 온라인 모임 등이 이루어졌다. 인터넷 소설의 효시라고 할 이영도의 『드래곤 라자』와 이우혁의 『퇴마록』도 당시 PC 통신 게시판에 올린 소설이었다. 유머게시판에 올라온 『엽기적인 그녀』와 귀여니의 로맨스 소설도 대단한 인기를 끌었다. 당시 인터넷 소설은 책으로도 출간되어 베스트셀러가 되었고, 국내에서 영화화하기 힘든 판타지 이외의 소설들은 영화화되어 성공을 거두기도 했다. 『퇴마록』은 절반의 성공이었고, 『엽기적인 그녀』와 귀여니의 『늑대의 유혹』 등은 꽤 인기를 끌었다.

당시 인터넷을 통해 새로운 매체에 눈을 뜬 젊은 세대는 마찬가지로 새로운 볼거리, 읽을거리에 빠져들었다. 로맨스와 판타지는 출판 산업에도 영향을 주는 거대한 시장을 만들었다. 하지만 그 이상으로 나아가지는 못했다. 인터넷 소설이 등장하던 초반에는 새로운 소재를 다룬 걸작과 수작들이 등장했지만 지속적으로 뛰어난 작가와 작품으로 받쳐줄 수 있는 시스템이 없었다. IT 기업은 소설에 돈을 투자할 생각이 없었고, 인터넷을 통해서 수익을 올릴 수 있는 시스템을 미처 만들지 못했다. 소설을 출간하는 출판사는 잠깐 치고 빠지는 유행으로 간주했다. 작가를 키우려는 노력이 일절 없었으니 마니아들이 쓰고 싶은 작품을 쓰며 자발적으로 성장하는 수밖에 없었고, 지속적으로 좋은 작품을 내는 작가는 극히 적을 수밖에 없었다. 작품에 대한 평가도 없고, 작가를 이끌거나 지원하는 시스템도 없었다. 인터넷 소설을 보는 독자는 점점 줄어들었고 마니아들만 소비하는 폐쇄적인 시장으로 변해버렸다. 장르도 로맨스, 판타지, 무협의 3대 장르 이외에는 거의 궤멸되었다. 와중에 환상문학 웹진 '거울'의 지속과 성장이 돋보이는 정도였다.

웹소설은 과거의 인터넷 소설이 모바일로 환경을 바꾼 것이라고 거칠게 말할 수 있다. 단지 매체가 바뀐 것뿐인데 무엇이 변한 것일까 생각할 수도 있다. 하지만 PC 통신 시절에는 인터넷 소설을 보는 장소가 집과 직장밖에 없었다. 노트북을 들고 다니는 사람은 많지 않았다. 인터넷 소설을 보겠다고 노트북을 꺼내 전원을 켜고, 인터넷을 연결하는 것은 쉬운 일이 아니다. 모바일은 모든 것을 바꾸었다. 이동하는 동안, 누군가를 기다리는 5분, 10분 동안에도 많은 것을 볼 수 있다. 모바일은 소위 '스낵 컬처'를 가능하게 만들어준 매체였다.

웹소설이 가능했던 것은 웹툰의 성공 때문이기도 하다. 포털 사이트가 주도한 한국의 웹툰은 가장 많은 독자를 보유한 주류 대중문화가 되었다. 웹툰도 인터넷 소설과 마찬가지로 처음에는 컴퓨터를 통해서 보는 매체였다. 그런데 모바일로 볼 수 있게 되면서 날개를 달았다. 지하철에서 수많은 사람들이 웹툰을 본다. 잠깐만 집중해도 짧은 시간에 한 화를 볼 수 있다. '스낵 컬처'라는 말처럼 지금 대중은 잠깐 시간을 내서 가볍게 즐길 수 있는 문화예술을 원한다. 웹툰이 적격이다. 그렇다면 웹소설도 마찬가지가 아닐까?

웹소설은 대중적인 장르소설

웹소설은 기존의 순문학과는 다르다. 직접적인 계보는 인터넷 소설에서 이어지지만 원류를 따지면 대중소설이라고 할 수 있다. 1970~80년대에 주로 일간지 연재를 통해 인기를 끈 대중소설과도 비슷하다. 더 과거로 흘러가면 정비석의 『자유부인』 같은 작품도 있었고, 1970년대에는 최인호, 박범신, 한수산, 조선작 등의 소설이 큰 인기를 끌었다. 인기를 끌었던 대부분의 대중소설은 영화로 만들어졌다. 최인호는 청춘소설의 최고봉이었고, 한수산은 여성 독자에게 인기가 높았다. 박범신의 『풀잎처럼 눕다』는 범죄와 음모가 판치면서도 서정적인 로맨스와 여운이 깃든 대중소설이었다.

스포츠 신문이 창간되면서 고우영의 『일지매』와 『삼국지』, 강철수의 『사랑의 낙서』 등 만화와 함께 추리소설도 인기를 끌었다. 『여명의 눈동자』로 잘 알려진 김성종은 당대에 가장 인기 있는 추리소설 작가였다. 『제5열』, 『일곱 개의 장미송이』 등은 폭력과 섹스를 주무기로 한 대중소설이었다. 과거에는 대중소설을 쓰는 작가들도 순문학을 거쳐서 들어온 경우가 많았다. 일단 작가가 되기 위해서는 신춘문예를 통하는 것이 일반적이었기 때문이다. 최인호, 박범신 등은 물론이고 김성종 역시 신춘문예 출신이다. 당시에 일컫는 말로 '통속소설'을 일간지에 쓰는 작가들은 정통 문학계에서 무시를 당하기도 했지만 별다른 문제는 없었다. 문학적 평가는 낮았지만 대신에 부와 명예를 함께 누렸으니까. 최인호는 베스트셀러 소설을 여럿 펴냈을 뿐 아니라 수많은 작품이 영화화되고, 영화 시나리오를 쓰고, 작사도 하는 등 대중문화의 스타였다. 김성종도 베스트셀러 작가였다.

대중소설의 흐름은 1980년대 김홍신의 『인간시장』을 거쳐 김진명의 『무궁화꽃이 피었습니다』로 이어진다. 그리고 『밤의 황제』의 이원호가 있었다. 『인간시장』만 해도 여성 독자가 많았다. 『인간시장』의 주인공 장총찬은 사회의 불의를 보면 참지 못하고 폭력을 써서라도 바로잡으려는 거친 남자지만 애인 앞에서는 순한 양이다. 터프가이지만 나에게만은 부드러운 남자. 그런 면에서 일본 만화 『시티 헌터』가 떠오르기도 한다. 반면 김진명의 소설에는 로맨스의 기운이 별로 없다. 사건이 진행되는 과정에서 여성 캐릭터의 역할도 크지 않다. 김진명에 이어 이원호에 이르면 더 이상 대중문학이 아니라 남성들을 위한 하나의 장르로서 대중소설이 위치하게 된다. 자연히 대중의 관심은 거의 사라졌으며, 여성 독자들은 로맨스로만 남아 있게 되었다. 1990년대 후반에 가면 희미해진 대중문학 대신 인터넷 소설이 등장하여 재미있는 읽을거리를 찾는 독자를 끌어당기게 되었다.

그러니까 웹소설은 대중적인 장르소설이라고 할 수 있다. 장르가 절대적이라고 할 수는 없지만, 독자는 좋았던 작품과 유사한 소재와 형식을 이어서 선택하기 때문에 장르 구분은 중요할 수밖에 없다. 애초에 장르가 만들어진 것도 독자의 선택을 용이하게 하기 위해서였다. 일본의 라이트 노벨에도 수많은 장르가 존재한다. 로맨틱코미디, 어반판타지, 스페이스오페라, 호러, 미스터리 등. 서구의 할리퀸 소설이 판타지와 결합하고 팬픽이 더해지면서 확장된 영어덜트 분야 역시 수많은 장르를 포괄한다. 라이트 노벨이건, 영어덜트건, 웹소설이건 재미있는 이야기를 만들어내고, 독자가 원하는 캐릭터가 마음껏 활동하게 만들어주는 소설이라는 점은 같다. 주로 킬링 타임용이지만 가끔은 지대한 감동이나 깨달음을 주기도 한다.

작가와 독자의 경계가 사라지고 있다

웹소설은 인터넷 시대가 시작되면서 창작자와 소비자의 경계가 점점 사라지는 경향을 여실히 보여주었다. 로맨스나 판타지 등의 소설을 열심히 읽다가 어느 순간 자신이 써보고 싶은 생각이 들어 작가의 길에 뛰어드는 것이다. 순문학의 경우도 크게 다르지는 않다. 시와 소설 등에 빠져들다가 자신의 이야기를 해보고 싶은 것이다. 다른 점이라면 순문학이 내적인 감정이나 사상을 표현하고픈 욕구에 기인한다면 웹소설 등은 자신이 보았던 재미있는 이야기를 재현하거나 자신의 방식으로 구현하고픈 욕망이라고나 할까. 그렇게 마니아가 작가가 되면서 흥미로운 현상이 벌어진다.

일본판 웹소설이라 할 수 있는 '게타이(휴대폰)소설'이 1990년대부터 일본에서 한참 인기를 끌 때 몇 가지 이유로 꼽힌 것이 있다. 장르 애호가가 직접 소설을 쓰게 되는 경우가 많다, 나이대가 비슷하여 작가와 독자의 거리가 가깝다, 실시간으로 반응이 오가기 때문에 작품에 반영되기가 쉽다, 철저하게 엔터테인먼트 지향이다 등. 지금 웹소설이라 불리는 작품들도 그런 이유로 젊은 독자에게 인기가 높다고 할 수 있다. 일본의 게타이소설 유행은 지나갔지만 기존의 소설로 녹아들어가며 확장되고 있다. 라이트 노벨의 캐릭터와 스타일이 일반 소설로 이어지며 풍성해진 것과 마찬가지다.

주로 모바일로 소비되는 웹소설은 쉽고 재미있게 읽을 수 있는 소설이다. 대중을 지향하며 즐기는 가벼운 오락이자 문화. 굳이 순문학과 구별되는 다른 지점을 추구한다고 주장할 이유는 없다. 다만 오락성이 중심이라는 점은 분명하다. 대중의 선택을 받기 위해, 대중의 요구를 따라가며 자신의 이야기를 풀어내는 점에서 상업영화나 웹툰의 지향점과 동일하다. 그리고 형식상으로는 모바일 환경에서 읽기 편하도록 구성되어 있다. 캐릭터의 이미지를 그림으로 보여주고 때로 일러스트레이션을 만드는 것은 일본의 라이트 노벨과 비슷하고, 연재 방식이기에 과거 일간지 연재와 비슷하게 매회 기승전결과 리듬을 가지고 있다. 한달음에 보기 좋으면서도 다음을 기약하는 것. 독자의 호기심을 유발하고, 다음 회를 반드시 읽도록 만드는 유혹도 필요하다.

웹소설의 현황

지금 웹소설 플랫폼의 강자로는 기존의 '조아라'와 '문피아' 그리고 '북팔'이 있다. 뒤늦게 뛰어들었지만 포털사이트의 막대한 영향력 덕분에 가장 많은 독자를 보유한 '네이버 웹소설'은 선두 주자들을 압도하고 있다. 후발 주자인 '카카오페이지'도 빠르게 성장하고 있다. 웹툰으로 자리를 굳힌 '레진코믹스'를 포함한 웹툰 플랫폼들도 웹소설로 발을 넓혀가고 있다. 이는 웹소설 시장의 급격한 성장에서도 확인할 수 있는데, 2013년 100억 원 규모였던 시장은 2014년 200억 원, 2015년 400억 원으로 매년 배 이상 성장했으며 2016년에는 800억 원 규모로 성장했다. 무료로 볼 수 있는 웹소설도 많이 있지만 보통은 한 회당 100원 정도의 소액을 유료로 결제하여 읽는다. 웹툰은 무료라는 인식이 퍼져 있는 데 반해 웹소설은 유료라는 인식이 일찌감치 자리 잡은 덕분에 매출의 성장세는 웹툰보다도 훨씬 빠르다.

2016년 조아라의 회원수는 115만 명에 이르고, 일 평균 조회수는 950만 건에 달했다. 총 15만여 명의 작가가 46만여 편의 작품을 연재했고 일 평균 등록되는 작품 수는 2,600편 이상이다. 조아라는 2000년 설립 이후 8년 동안 적자였지만 2009년부터 매출이 두세 배 이상 오르며 2015년 125억 원, 2016년 162억 원 매출을 기록했다. 남성 독자 중심의 플랫폼으로 자리한 문피아는 회원수 45만 명, 일일 방문자 50만 명, 작가는 3만 명에 이른다. 4억 5,000만 원 수준이던 매출액도 2014년부터는 꾸준히 월 평균 10퍼센트 이상의 성장을 기록하면서 2015년 총 매출액 100억 원을 돌파했으며 2016년에는 약 250억 원 수준으로 급성장했다.

웹소설 수익성

네이버 웹소설의 경우, '오늘의 웹소설'은 무료로 읽을 수 있다. 그리고 연재를 하는 작가에게는 일정 고료를 지급한다. 네이버 웹툰의 베스트 도전 시스템과 비슷하다. 누구나 네이버 웹소설에 투고할 수 있다. '챌린지 리그'에서 연재를 시작해서 인기가 좋으면 '베스트 리그'로 올라간다. '베스트 리그'에서 인기를 얻거나, 완성도가 높아 네이버에서 관심을 갖는 작품은 정식 연재작으로 선정되어 고료가 지급되고, 오늘의 웹소설에 매일 연재되는 작품으로 등록된다. 독자가 이번 주에 올라온 소설을 읽고 다음에 올라올 회차를 미리 보고 싶다면 돈을 지불하면 된다. 따라서 미리 쌓아놓은 회차가 많을수록 더 많은 수익을 올릴 수 있다.

2016년 네이버 웹소설의 누적 조회수는 90억 건이고 한 달에 한 번 이상 방문한 고정 독자는 500만 명에 이른다. 『허니허니 웨딩』은 유료 미리보기로 월 매출액 1억 원이 넘는 대박을 터트렸고, 2014년 기준으로 본다면 연수입 1억 원이 넘는 웹소설 작가는 7명이다. 카카오 페이지의 누적 가입자는 910만 명. 누적 조회수 60억 건이었다. 카카오 페이지에 올라온 총 1만 5,000편의 작품 중에서 누적 매출액 1억 원을 돌파한 작품은 143편이고, 10억 원 이상을 올린 작품도 네 편이나 된다. 누적 매출액 20억 원 이상의 작품도 있다.

웹소설 작가들 중에서 고수익을 올리는 작가는 꽤나 많다.

조아라와 문피아는 매년 1억 원 이상을 버는 작가가 30명이 넘는다. 매달 2,000만~3,000만 원을 가져가는 작가도 있다. 네이버도 마찬가지다. 반면 순문학에서 매년 책 인세만으로 1억을 벌어들이는 작가는 열 손가락도 못 채운다. 한국 소설이 팔리는 숫자에 비하면 웹소설은 이미 엄청난 시장이다. 순문학 작가들조차 웹소설 연재로 선회하는 데에는 다 이유가 있다.

최근 젊은 작가들이 웹소설과 전자책 문법을 익히는 등 이미 경계는 무너지고 있는 추세다. 순문학 작가들이 1년에 장편소설 한 편(1쇄 3천 부 기준)을 출간하고 1쇄가 팔린다면 인세는 약 300만~500만 원이 된다. 1만 권을 팔면 1,000만~1,500만 원이다. 인기 있는 웹소설 작가는 6개월 연재 기준 평균적으로 약 1,000만~1,500만 원의 수익을 올리는 경우가 많다. 다른 외부 활동 없이 오로지 작품으로만 벌어들인다는 것을 생각하면 이미 웹소설 시장은 탄탄하다고 볼 수 있다.

독자

기존의 로맨스와 무협지를 꾸준하게 읽어온 30, 40대 독자를 뺀다면 대부분의 웹소설 독자는 10대와 20대다. 작품 경향으로 본다면 로맨스가 시장의 70퍼센트 이상을 차지한다. 현재의 웹소설은 특정 장르에 지나치게 치우친 상태이고, 기존 출판 소설을 읽는 독자를 선뜻 끌어들일 만큼 수준이 높지는 않다. 하지만 웹툰도 시작은 그랬다. 웹툰은 한동안 10대들이 좋아하는 만화로만 가득하다고 비판받았다. 그것도 만화냐는 편견이 있었고, 그림이나 연출력이 조잡하다는 비난도 많이 받았다. 『마린 블루스』 같은 작품이 만화상 심사에 오르면, 일부에서는 이게 일러스트지 무슨 만화냐고 제외해야 한다고 주장하기도 했다. 하지만 지금은 웹툰을 포함하여 만화의 다양한 형식이 통용되고 있다.

시장이 커지면 자연스럽게 좋은 작가와 독자가 유입된다. 그냥 커진다고 되는 것은 아니고 시장을 만들어가는 주체가 제대로 판을 키울 생각을 가지고 있다면 가능하다. 웹툰이 인기를 얻고 있어도, 초기에는 다음과 네이버를 비롯하여 포털 사이트 외에는 별 관심을 가지지 않았다. 〈스포츠투데이〉 등 기존의 만화를 연재하거나 출판하던 곳에서만 온라인 만화라는 명목으로 몇 개의 작품을 서비스한 정도였다. 하지만 웹툰이 출판되어 베스트셀러가 되고, 영화와 드라마로 만들어짐에 따라 인기를 끌면서 점점 시장이 확장되었다. 그리고 레진코믹스와 탑툰 등 만화 전문 플랫폼이 성공을 거두면서 더욱 다양한 작품이 나오고 그만큼 수준도 높아졌다. 현재 한국 만화 시장에서 웹툰은 주류 플랫폼으로 발돋움해 시장을 선도하고 있는 상황이다.

조아라는 로맨스를 중심으로 성장한 사이트인데 현재는

판타지로도 많이 확장되었다. 강점은 여성 독자가 많다는 것이다. 반면 무협지와 판타지가 주력이었던 문피아는 여성 독자의 비율이 채 5퍼센트도 되지 않는다. 조아라는 기존의 여성 독자를 1차 타깃으로 잡으면서 판타지로 젊은 남성 독자를 끌어들이는 모양새다. 반면 문피아는 더욱 남성 지향의 웹소설로 나아가고 있다. 북팔은 2014년 하반기부터 여성향을 강조하며 변화를 시도하다 2015년 하반기에는 다시 판타지에 주력하고 있다. 후발 주자이니만큼 하나씩 장르를 파고들며 강화하는 모양새다. 10대 타깃이라면 네이버 웹소설, 여성향이면 조아라, 남성향이면 문피아의 구도라고 일단 볼 수 있다. 하지만 작품이 다양해지고 규모가 커지면서 각자 독자층을 다양하게 넓히는 전략을 펼치고 있다.

웹소설은 더 필요하다

웹소설이 돈이 벌리는 판이라는 것이 확인되면서 시장은 더더욱 커지고 있다. 기존의 출판사와 IT 기업들이 웹소설 시장에 뛰어들고 있다. 물론 무한정 시장이 커질 수는 없다. 지금의 독자가 계속해서 웹소설을 열광적으로 소비한다고도 볼 수 없다. 언제나 대중은 변덕스러운 취향을 가지고 있으며, 재미가 없거나 공급자가 불성실하다고 느낀다면 바로 떠나갈 수 있다. 다만 시장이 확대된다면 좋은 작가와 외부 인력이 유입될 가능성이 높아지고 안정적인 시스템이 만들어질 가능성이 높아진다. 활황기에 어느 정도 거품이 생기더라도 자연스럽게 정리가 되면서 안착할 수 있다.

지금 한국의 소설 시장은 대단히 취약하다. 외국은 스릴러, 로맨스, 판타지, 영어덜트 등 장르소설이 출판 시장의 주류다. 그러나 국내에서 한국 소설은 잘 팔리지 않는다. 순문학은 100만 부는커녕 10만 부 넘게 파는 작가도 한 손에 꼽을 정도다. 대중문학은 김진명 정도가 명맥을 유지한다. 장르 작가들이 있기는 하지만 아직 출판 시장에서는 대중적인 인기를 누리지 못하고 있다. 그렇기에 웹소설이 제대로 성장하며 전진할 수 있다면 소설 시장 전체에 영향을 끼칠 수도 있다. 재미있는 볼거리를 원하는 사람들이 웹툰을 택한 것처럼, 즐겁고 흥미로운 이야기를 원하는 사람들을 웹소설이 끌어들일 수 있을 것이다. 물론 뛰어난 작가와 작품 그리고 다양한 장르가 더욱 풍성하게 펼쳐지는 것을 전제로 해야 한다. 활력이 사라진 기존의 문학 판이나 출판계에서 대중소설이 활발하게 전개되는 것을 기대하는 것보다는 웹소설 판이 훨씬 더 흥미진진하고 기대가 된다.

웹소설의 트렌드

웹소설에서 가장 강세를 보이는 장르는 로맨스다. BL과 팬픽을 포함한다면 더욱 시장은 커진다. 국내 문화예술 시장에서 누가 주로 소비하는가를 본다면, 여성의 비율이 압도적이다. 심하게는 여성이 80퍼센트를 차지한다. 그러니 여성들이 요구하는, 선호하는 성향의 문화예술이 중심에 놓이는 것은 당연한 일이다. 가장 많은 독자를 보유한 네이버 웹소설에서도 여성 독자의 비율이 상당히 높다. 현재 로맨스 장르의 비중이 70~80퍼센트에 달하는 이유다.

그다음은 판타지다. 인터넷 소설 초창기에는 정통 판타지가 인기를 끌다가 점차 다양한 판타지로 뻗어나갔다. '검과 마법'으로도 불리는 정통 판타지의 대표작은 J.R.R. 톨킨의 『반지의 제왕』이다. 중세를 이공간에 옮겨놓은 것 같은 설정에 기사와 마법사, 도둑, 엘프와 오크 등이 등장한다. 서로 다른 능력을 가진 이들이 집단(파티)을 이뤄 함께 모험에 나서고 악을 물리친다. 요정과 드래곤이 등장하는 경우도 많다.

또 하나는 『해리 포터』 시리즈 같은 어반판타지가 있다. 해리 포터는 현실의 런던에 살고 있다가 마법의 세계로 들어간다. 마법학교 호그와트를 비롯해 사건이 벌어지는 곳은 대부분 다른 세계이지만 가끔은 현실의 런던에서 활극이 펼쳐지기도 하여, 이곳과 저곳을 넘나들면서 이야기가 진행된다. 반면 『월야환담』처럼 공간은 우리가 사는 세계고, 초자연적인 존재와 마법이 공존하는 어반판타지도 있다. 뱀파이어와 늑대인간이 등장하고, 동양의 요괴와 귀신이 나타나고, 무협지와 뒤섞이기도 하면서 퓨전 방식으로 나아가는 것도 어반판타지에 속한다. 현실에서 이세계로 빠져들거나 독특한 시공간을 설정하여 벌어지는 판타지가 있는 것처럼. 서양에서는 판타지의 종류를 '검과 마법', 다크판타지, 어반판타지 등으로 나눈다.

지금 웹소설에서는 정통 판타지보다 도시를 배경으로 대결이 벌어지는 판타지의 인기가 높다. 일본 만화라면 피콜로와 베지터 이후의 『드래곤볼』이나 『유유백서』, 『블리치』 등을 생각하면 된다. 우리가 살고 있는 세계에서 이야기가 진행되지만, 복잡하게 미스터리가 전개되거나 모험이 벌어지기보다는 끊임없이 나타나는 적과 대결을 펼친다. 주인공은 계속 훈련을 하고 필살기를 익히면서 더욱 강한 상대와 싸운다. 대부분은 주인공이 이기고, 패한 상대는 가끔 동료가 되기도 한다. 단순한 플롯이지만 일본에서 소년 만화가 가장 주류이듯이 한국에서 배틀 판타지의 인기는 매우 높다.

무협소설의 인기도 여전하다. 다만 10대와 20대의 젊은 독자들은 정통 무협보다 퓨전 무협을 즐긴다. 정통 무협은 1990년대까지 대본소 무협지를 즐기던 독자들이 나이가 들어서도 여전히 소비하는 것으로 볼 수 있다. 현재까지도 안정적이기는 하지만 젊은 독자가 충분히 유입되지 않는 것은 심각하게 짚어볼 필요가 있다. 무협지는 정통 판타지처럼 특정한 세계가 존재한다. 무림이 있고, 구대문파가 있고, 정파와 사파의 대립이 있고, 무공을 얻는 방법은 무엇인지 등의 설정이 확실하게 정해져 있다. 기존의 무협지 설정에 익숙하지 않다면 무협지를 쓰는 것은 거의 불가능하다. 즉 무협지 작가는 열광적인 무협지 독자였던 경우가 대부분이다. 2000년대 이후 무협소설은 젊은 독자의 유입이 많지 않았다. 그렇기에 미래의 작가군이 축소되었다고도 볼 수 있다.

로맨스, 판타지, 무협 이외의 장르

로맨스, 판타지, 무협의 3대 장르 외에는 미스터리, 공포, 라이트 노벨, 팬픽 등이 있다. 라이트 노벨은 일본에서 주류에 올라선 라이트 노벨 스타일의 소설을 말한다. 쉽게 말해 애니메이션을 그대로 소설로 옮긴 것 같은 소설이다. 실제로 지금은 라이트 노벨을 애니메이션으로 만드는 경우가 더 많아졌다. 팬픽은 '팬 픽션'이라는 말 그대로 자신이 좋아하는 스타를 주인공으로 삼은 소설이다. 과거에는 동인지 형태였지만 최근에는 어느 정도 공개적으로 창작되는 경우도 많다. 공포물은 인터넷 소설 시절에 큰 인기를 끌었다. 이우혁의 『퇴마록』도 공포물의 한 갈래라고 볼 수 있고, 유일한의 『어느 날 갑자기』 같은 괴담류도 베스트셀러가 될 정도였다. 지금도 가벼운 괴담류 소설은 인터넷 등에서 인기가 좋지만 본격적인 공포소설은 거의 나오지 않고 있다. 미스터리도 아직 웹소설에서는 미약한 장르다.

공포와 미스터리를 쓰려면 어느 정도의 기술적 숙련이 필요하다. 각 장르의 애독자였던 이력도 필요하고, 공포와 미스터리의 기본이 되는 요소들을 어느 정도 알고 있어야 가능하다. 미스터리의 경우에는 트릭을 어떻게 만들 것인지, 살인자의 심리를 어떻게 설정할 것인지 등의 숙고가 필요하다. 공포에서는 공포를 일으키는 다양한 요인, 고대의 신화부터 귀신과 악마 등에 대한 사전 지식이 필요하다. 하지만 국내에서는 미스터리 소설도 맥이 끊겼다가 2000년대 이후부터 어느 정도 대중화되고 시장도 형성되었다.

　반면 공포물은 아직도 답보 상태다. 스티븐 킹의 소설이 정식으로 출간되기 시작한 것도 2000년대 들어서였고, 여전히 명성에 비해서는 많이 팔리지 않는 편이다. 미스터리 걸작을 읽고 성장한 독자가 작가로 유입되는 경우는 꽤 있었지만 공포는 아직 시간이 더 필요하다. 공포영화 등 광범위한 공포물의 마니아들이 공포소설 작가로 더 많이 유입된다면 빨라질 수는 있다.

　한 명의 작가가 다양한 장르를 번갈아가며 쓰는 것은 가능하다. 기시 유스케는 공포소설 『13번째 인격』으로 등단하여 공상과학소설(SF)인 『신세계에서』와 『크림슨의 미궁』, 본격 미스터리 『유리망치』와 『자물쇠가 잠긴 방』, 사이코패스를 다루는 스릴러 『검은 집』과 『악의 교전』 등 다양한 장르의 소설을 발표했다. 오노 후유미 역시 동양 판타지의 걸작 『십이국기』를 쓴 작가로 잘 알려져 있지만 출발점은 공포소설이다. 공포소설의 걸작 『시귀』를 비롯하여 근작 『잔예』, 『귀담백경』 등이 그의 대표적인 공포소설이다.

다양한 장르를 넘나드는 것도 가능하지만 일단 시작은 하나의 장르에서 출발하고, 어느 정도 경력을 쌓을 때까지는 그 장르에 매진하는 것이 좋다. 스티븐 킹도 근래 하드보일드 소설 『미스터 메르세데스』를 발표하는 등 미스터리와 스릴러, 판타지 등 모든 장르에 손을 대지만 초기에는 공포소설 작가로 널리 알려졌다. SF와 판타지, 미스터리와 스릴러처럼 인접 장르라면 병행하는 것이 가능하지만 전혀 다른 장르에 관심이 있어도 일단 하나의 장르에서 인정을 받은 후에 확장하는 것이 낫다.

플랫폼의 성격과 독자를 고려

공모전에 작품을 낼 때에는 일단 공모전의 성격을 명확히 파악하는 것이 좋다. 네이버 웹소설에서는, 북팔에서는 어떤 작품을 선호하는가. 해당 플랫폼에서 어떤 작품들이 가장 인기가 좋은가를 보면 얼추 알 수 있다. 캐릭터, 스토리, 문장 등 모든 것이 다 좋다면 당연히 뽑히겠지만 그런 작품이 신인에게서 나오기는 쉽지 않다. 모든 면에서 완벽한 작품을 쓴다는 것은 기성 작가도 쉬운 일이 아니다. 그러니 각 플랫폼마다 인기작의 경향을 파악하는 것이 우선 필요하다. 소설의 기본 아이디어와 개성적인 캐릭터는 작가의 머릿속에서 나와야 하지만 어떤 방식으로 풀어내고 구성할 것인가는 트렌드에 부합할 필요가 있는 것이다. 또한 1차 독자가 10대인지 20대인지, 남성인지 여성인지 등도 고려해야 한다.

가장 인기 있는 네이버 웹소설의 경우라면 10대 독자의 취향에 어느 정도 부응해야 한다. 이를테면 판타지의 경우, 요즘 10대 독자들은 정통 판타지에 거의 관심이 없다. 비교적 정통 스타일이라 할 수 있는 검과 마법을 중심으로 한 판타지 작품은 네이버 웹소설 공모전에서 뽑힐 가능성이 낮다. 하지만 공모전에서는 몇 개의 작품이 함께 뽑히기 때문에 어느 정도 안배가 이루어지기도 한다. 가령 SF와 판타지를 하나의 카테고리로 묶어 진행하는 경우 절대적으로 정통 SF 소설의 수가 적기 때문에 어느 정도 구성과 문장의 수준이 되고 아이디어가 신선하다면 뽑힐 가능성도 높다.

SF와 판타지 공모전에서 요즘 경향과는 조금 거리가 있지만 구성이 탄탄하고 문장이 좋은 정통 판타지가 뽑힌 적이 있었다. 심사위원들도 고민을 많이 했다. 상을 줄 수준이 되기는 하지만, 네이버 웹소설에서 인기를 얻을 만한 작품이 아니라고 판단했기 때문이다. 물론 절대적으로 걸작이라고 판단된다면 인기는 고려할 만한 요소가 아니다. 그럼에도 다른 작품에 비하면 뛰어나지만 그렇다고 걸작은 아니고, 수준은 있지만 인기는 없을 듯하다면 문제는 복잡해진다. 네이버 웹소설만이 아니라 웹소설 공모전에서 기본적으로 중요한 것은 인기, 즉 대중성이다.

다만 인기작만을 따라간다면 위험성도 존재한다. 비슷한 작품이 되기 쉽고, 공모전에서 가장 중요한 기준이 되는 '새로움'이 미흡할 가능성이 크기 때문이다. 그러니 일단 생각해야 할 것은 자신의 아이디어가 무엇인지를 정확하게 파악하고, 흡인력이 강한 이야기로 만드는 것이다. 되도록 다른 작품에서 잘 보지 못했던 기발하고 독창적인 설정과 캐릭터를 만들어내는 것. 설정과 캐릭터 둘 중 하나만이라도 새롭다면 가능할 수 있다.

독창적 설정에는 직관적 캐릭터

일본의 미스터리 작가인 교고쿠 나쓰히코京極夏彦는 특이한 작품 세계 덕에 쉽게 등단한 케이스다. 원래 편집 디자이너였던 그가 선택한 새로운 아이디어는 '요괴'였다. 상상의 존재에 불과한 요괴를 논리와 이성으로 쌓아올려야 할 미스터리소설에 적용하려는 아이디어는 색다른 스타일이자 기묘한 세계관 그 자체였다.

교고쿠 나쓰히코의 독자적인 세계관은 일명 '백귀야행 시리즈'(한국에서는 주로 '교고쿠도 시리즈'로 불린다)로 쉽게 확인할 수 있다. 1950년대 도쿄를 배경으로 고서점 주인이자

신관인 '안락의자 탐정' 교고쿠도를 필두로 온갖 형태의 탐정이 등장하는 백귀야행 시리즈는 방대한 민속학적 지식을 도저히 현실에서 불가능할 것 같은 기묘한 범죄와 연관시키는 작품이다. 민간 전승 설화나 신비학을 이용하면서도 기본 골격만큼은 논리적 사고에 바탕을 둔 특유의 작품 세계는 여러 개의 에피소드를 현란하게 직조하고 요괴담과 사변을 늘어놓으면서도 본격 미스터리의 세계로 수렴된다. 이런 새로운 작품 세계는 단숨에 편집자의 눈을 사로잡았다.

쿄고쿠 나쓰히코는 첫 장편작이 완성된 직후 곧바로 고단샤 편집부에 투고했는데 고작 이틀 만에 편집부로부터 연락을 받았다. 작품을 검토하는 데 보통 수개월에서 반년 정도는 걸린다는 사실에 비추어본다면 대단한 성과가 아닐 수 없다. 훗날 담당 편집자는 "저명한 기성 작가가 우리를 시험하는 것이 아닐까" 하는 생각이 들었다고 술회했는데, 이 작품이 바로 '교고쿠 월드'의 발단이 된 교고쿠 나쓰히코의 처녀작이자 데뷔작인 『우부메의 여름』이었다. 우선 편집부의 눈을 번쩍 뜨이게 한 것은 기성 작가가 아닌가 싶을 정도의 높은 완성도였을 것이다. 그러나 이틀이라는 짧은 시간 안에 편집자의 눈에 들 수 있었던 것은 무엇보다 그의 작품이 새로웠기 때문이다.

독창적인 설정을 만들어낸다면 오히려 익숙한 캐릭터가 등장하는 것이 대중적일 수 있다. 보통 SF를 읽을 때에는 부담을 느끼는 독자가 많다. 지금 우리가 살고 있는 세계와는 다른 미래 혹은 다른 우주라면 설정부터 하나둘 독자가 이해하고 받아들여야 이야기에 몰입할 수 있기 때문이다. 판타지가 오히려 익숙한 것은, 그동안 기존의 작품들에서 어느 정도 세계와 설정이 다양하게 만들어져왔고 그것을 이어받아 쓰는 경우가 많기 때문이다. 무협지가 그렇듯이. 그렇기에 자기만의 아주 독특한 설정을 만들어낸다면, 그 안에서 독자가 직관적으로 이해할 수 있는 캐릭터를 만드는 것이 좋다.

『레디 플레이어 원』은 기본적으로 '오아시스'라는 가상 현실 세계가 대중화된 근미래를 배경으로 하는 SF 소설이다. 오아시스는 단순히 조이스틱이나 키보드로 캐릭터를 조종하는 것이 아니라 자기 자신이 직접 아바타가 되어 가상 현실을 이용하는 시스템이다. 이 특별한 세계를 뒷받침하기 위해 작가 어니스트 클라인Ernest Cline은 실재감을 높이는 데 상당한 공을 들였다. 그러나 무엇보다 이 작품을 가장 특별하게 만드는 것은 오아시스라는 가상 세계가 게임과 대중음악, 텔레비전 프로그램, 각종 장르 영화를 망라한 온갖 서브컬처의 집합체라는 점이다.

빈민가 출신으로 오아시스 게임에만 열중하는 소년 웨이드는 오아시스의 개발자가 남긴 퀘스트를 해결하고 여기 걸린 막대한 상금을 차지하기 위해 개발자가 살아생전 즐겼던 온갖 잡다한 대중문화를 탐닉한다. 이 흥미로운 세계에 비한다면 주인공 웨이드는 오히려 초라해 보일 정도다. 그러나 별다른 개성 없는 10대 빈민가 소년은 대중문화에 관한 방대한 지식을 발휘하면서 소설의 독창적인 세계의 구심점이 된다. 그러면서 웨이드는 자연스럽게 미래 세계를 바라보고 이해하는 독자의 시선이 된다. 작가 어니스트 클라인은 웨이드처럼 고전 게임과 텔레비전 시리즈, 올드팝, 애니메이션에 열광했던 독자라면 충분히 이해하고 이입할 수 있는 평범한 캐릭터를 선택해 생경한 이세계에 대한 독자의 몰입을 자아내는 데 성공한 것이다.

반면 개성적인 캐릭터를 만들어낸다면 전형적인 설정 안에서도 충분히 새로운 감각으로 이야기를 전개할 수 있다. 『반지의 제왕』은 검과 마법의 정통 판타지의 효시로 일컬어지는 소설이지만, 지금 보아도 여전히 재미있고 새로운 이유는 호빗이라는 캐릭터 때문이기도 하다. 절대악을 물리치기 위해서 중간계에서 가장 약하고 힘 없는 호빗에게 임무가 주어진다. 엘프나 드워프, 인간이 아니라 호빗인 것이다. 『반지의 제왕』은 영웅의 운명을 타고난 존재가 모험을 통해 성장하고 마침내 우뚝 서는 것이 아니라 수많은 영웅호걸의 틈에서 가장 약한 존재가 세계를 구하는 이야기다. 그리고 호빗은 임무를 마치고 다시 고향으로 돌아가 평화롭게 살아간다. 영웅으로 칭송받으며 왕이 되거나 하지 않고.

웹소설의 트렌드를 파악하는 것은 중요하다. 하지만 일단 자기만의 설정과 캐릭터에 대해서 깊이 생각해보고, 늘 공부하면서 준비하는 것이 좋다. 기발하거나 특이한 설정, 독특한 캐릭터가 생각날 때마다 메모해두고 발전시켜가는 것이다. 그 메모가 모이고 모여 어느덧 소중한 자산이 된다.

이런 웹소설을 원한다

네이버 웹소설을 비롯한 각종 웹소설 플랫폼에서 원하는 것은 무엇보다 인기가 좋은 작품이다. 내용이 어떻건, 문장이 어떻건 많은 독자가 환호하면 일단 좋다. 문제는 인기를 얻는 방법이 너무나 각양각색이라는 점이다. 어떤 작품은 그야말로 수준이 높아서일 수 있고, 어떤 작품은 단지 유머 때문일 수 있고, 캐릭터가 개성적이라거나 이야기가 흥미진진해서 등등 다양하다. 그러니 제일 좋은 방법은 개성적인 아이디어를 자기가 가장 재미있다고 생각하는 형식으로 쓰는 것이다. 정답은 없으니, 자신이 가장 잘 쓸 수 있는 소설을 쓰도록 하자.

공모전에서는 작가, 평론가, 편집자 등 다양한 경험을 지닌 이들이 심사위원으로 참가하여 가장 뛰어난 작품을 고르게 된다. 그렇다면 공모전에서 그들은 주로 어떤 심사 기준을 가지고 있는지 한번 살펴보자.

일단 제일 먼저 보는 것은 창의성이다. 다른 작품들과 구별되는 이 작품만의 개성은 무엇인가. 판타지라면 새로운 세계의 구상부터 독특할 수 있다. 검과 마법이 사용되는 전형적인 세계가 아니라 초과학이 쓰인다거나 동양적인 설정이 있다거나. 뱀파이어나 좀비가 등장해도 일반적인 설정과 다르게 비틀어 사용할 수도 있다. 좀비와 인간의 로맨스를 그린 『웜 바디스』는 도저히 불가능할 것 같은 로맨스를 위해서 좀비의 종류를 세분화했다. 그나마 덜 썩은, 약간의 이성을 가지고 있는 좀비를 상정하여 로맨스가 가능하게 한 것이다. 이처럼 전형적인 설정을 가지고 있어도, 이야기의 핵심이 되는 세부 사항을 바꾸는 것으로 새로운 작품이 될 수 있다.

좀비물의 전개 방식은 대체로 두 가지다. 좀비가 처음 발생하여 주인공들이 밀려드는 좀비 떼와 싸우는 것과 이미 현대 문명은 끝났고 종말 이후에 살아남은 자들이 계속 좀비와 싸우는 것. 하지만 『세계대전 Z』는 좀비와의 전쟁을 모든 사태가 끝난 후 작성되는 보고서 형식으로 서술하여 신선함을 준다. 영화로 만들어진 〈월드워 Z〉에서는 원작처럼 보고서 방식으로 구성하는 것이 불가능했지만, 소설에서는 효과적이었다. 요즘에는 『인 더 플래쉬』처럼 좀비의 치료약이 발견되어 소동이 가라앉은 후, 좀비였던 사람들과 보통 사람들의 갈등이 격화되는 이야기를 그린 작품도 많이 나온다. 수없이 반복되는 소재라도 다양한 형식을 구상해보는 것이 좋다.

전혀 예상치 못한 전복적인 결말 역시 효과가 크다. 리처드 매드슨의 『나는 전설이다』는 아예 인간과 좀비의 위상을 뒤바꾸는 결말로 큰 충격을 줬다. 이미 모든 인간은 죽었고, 네빌 박사만이 겨우 살아남아 있다. 해가 지면 흡사 뱀파이어나 좀비 같은 존재들이 움직이기 시작한다. 네빌 박사는 그들을 치료해야 한다고 생각한다. 하지만 그가 구원해야 할 대상으로 생각했던 괴물들이 결국 신인류였다. 『나는 전설이다』라는 제목은 세상을 구원하고 전설로 남는다는 말이 아니다. 새로운 인류가 등장했고, 마지막으로 살아남았던 구 인류의 마지막이 네빌 박사인 것이다. 즉 네빌은 전설로 남은, 그리스 신화의 거인 같은 존재나 다름없다. 이런 의외의 결말이 『나는 전설이다』를 기억에 남게 한다. 독창적인 발상이 읽는 이에게 남기는 인상은 대단하다.

좋은 웹소설의 조건

완성도는 보통 플롯과 캐릭터, 문장을 모두 포함한다. 플롯은 이야기의 개연성이 있는가, 서두가 거창한 것에 비해 결말이 허술하지 않은가, 중구난방으로 인물이나 사건을 더하며 뻗어나가지 않는가 등을 살핀다. 제일 좋은 것은 서두의 작은 이야기가 점점 펼쳐지면서 무게감을 안겨주고, 앞부분의 작은 세부 사항들이 후반에 가서 의미를 갖는 구성이다.

이른바 복선이다. 작은 단서나 잠깐 등장한 조연 등이 후반에서 중요한 역할을 하게 되는 식으로 미리 치밀하게 생각하여 이야기를 만드는 것이다. 물론 초반에 모든 것을 다 생각할 수는 없다. 그래서 초반에 개성 있는 조연을 의도적으로 만들어 잠깐씩 등장시키거나 작지만 독특한 사건을 만들어두면 중반을 넘어선 후에 다시 끄집어내 확장할 수 있다.

캐릭터는 인물의 일관성이 있는가, 이야기에서 어떤 역할을 하는가 등을 고려해야 한다. 일관성은 캐릭터의 성격이다. 초반에는 무력하고 소심하게 등장하다가 갑자기 별다른 변화의 동인이나 이유 없이 모든 사건을 해결하는 중심 인물로 나오거나 하면 독자를 설득할 수 없다. 캐릭터가 성장하고 변화하는 것은 당연한 일이지만 적절한 이유가 주어지지 않는다면 인물의 일관성이 사라지고 작가가 필요한 대로 움직이는 인형이 되기 십상이다.

반면 캐릭터 하나에만 공을 들인 소설은 단선적인 작품이 되기 쉽다. 주인공 캐릭터의 매력을 부각시키는 데 급급한 소설은 중심이 되는 서사나 다른 인물에게 시선이 가지 않아 오히려 작품에 대한 집중도를 떨어뜨린다. 실제로 많은 로맨스소설이 무뚝뚝하고 모든 면에서 완벽해 보이는 캐릭터가 주는 매력을 어필하는 데 상당 분량을 할애한다. 하지만 중요한 것은 그런 양면적인 캐릭터의 내면에 무엇이 있는가를 보여주는 것이다. 인터넷 소설이나 아침 드라마에서 쉽게 선택하는 것은 혈연의 비밀이나 불치병이다. 일단 주인공을 최대한 '싸가지 없게' 그린 후에, 그가 그럴 수밖에 없는 이유를 단선적으로 제시해 공감하게 만드는 것이다. 물론 이제 이복남매나 불치병은 너무 식상하다.

문장은 일단 주어와 술어가 일치하고, 의미를 정확하게 전달하는 것이 우선이다. 문장의 유려함은 그다음이다. 문장을 멋있게 쓰려고 생각하기보다는 일단 정확하게 쓰는 훈련을 해야 한다. 처음 글을 쓰다 보면 문장이 길어지는 경우가 많은데 가급적 긴 문장을 끊어 쓰려고 노력하면 좋다. 또한 웹소설은 다른 소설에 비해서도 문장이 짧을 필요가 있다. 주로 모바일로 보기 때문에 몇 줄씩 계속 이어지면 더더욱 따라가기 힘들다.

대중성은 다양한 각도로 심사된다. 일단은 재미가 있는가. 다만 취향에 따라서 재미는 오락가락한다. 누구는 로맨스를 싫어할 수도 있고, 누구는 지나친 유머를 꺼릴 수도 있다. 그런 점에서 중요한 것은 이야기 자체의 흡인력이다. 독자가 스토리에 몰입할 수 있는 흥미와 재미 요소가 있는가를 따지는 것이다. 판타지건, 로맨스건 미스터리 요소가 많이 쓰이는 이유는 초반에 수수께끼를 던지면서 흥미를 자아낼 수 있기 때문이다.

여자가 남자와 사랑에 빠진다. 그런데 남자에게 뭔가 비밀이 있다. 그 비밀을 파헤치는 것만으로도 독자는 궁금해진다. 『그레이의 50가지 그림자』에서, 여자는 남자가 SM 플레이에 빠지게 된 이유를 알고 싶어 한다. 그리고 자신이 그의 상처를 치유해 사랑을 완성하려 한다. 그녀의 시도는 과연 성공할 것인가. 독자가 흥미를 느낄 수 있는 장치를 적절히 배치하고, 이야기의 완급을 조절하여 긴장감을 유발하는 것이 필요하다.

〈응답하라 1997〉로 시작해 〈응답하라 1988〉까지 이어진 드라마 '응답하라 시리즈'의 인기몰이에서도 미스터리는 극의 중심은 아닐지언정 상당한 역할을 했다. 여주인공의 과거와 현재를 병치하는 시리즈 특유의 형식은 자연스럽게 여주인공의 남편이 과거의 어떤 캐릭터인지를 추리하는 과정으로 이어졌다. 이는 각 캐릭터에 대한 애정을 부각시키는 한편 극에 대한 몰입도 면에서도 중요한 임무를 담당했다. 꼭 미스터리 장르가 아니어도 장르소설에서 크고 작은 미스터리는 빠질 수 없는 요소임에 틀림없다.

이슈를 선점하는 웹소설

대중성은 이슈와도 연결된다. 공모전 심사를 해보면 때마다 경향이 있다. 한때는 역사물 팩션이 많았고, 2015년에는 타임슬립물이 많았다. 역사물이 많아진 것은 영화 〈광해〉가 성공한 이후부터다. 하지만 단지 〈광해〉가 성공했다는 이유 하나 때문만은 아니다. 역사물이 공모전에 많이 나오는 것은 일단 새로운 설정을 잡기가 좋기 때문이다. 역사의 한 시점에서 영웅이나 비극적인 사건을 잡으면 약간의 변주를 가하고 개성적인 캐릭터를 넣는 것만으로도 흥미롭게 보일 수 있다. 지금 이 시대를 배경으로 극적인 사건을 만들어내는 것보다 그럴듯해 보인다.

타임슬립물은 드라마 〈나인〉과 〈시그널〉의 성공 덕이 크다. 만화 원작인 드라마 〈닥터 진〉의 영향도 있다. 타임슬립도 역사물과 비슷하게, 현재의 인물을 다른 시공간에 던져놓는 것만으로도 흥미로운 이야기가 만들어진다. 〈나인〉은 과거의 사건이 지금과 어떻게 연결되었는지를 따라가며 추리하는 것이 핵심이다. 〈시그널〉은 과거와 현재의 사건이 따로 진행되지만, 두 시대의 주인공이 서로 무전을 통해 퍼즐을 맞추는 과정을 보여준다. 〈닥터 진〉은 현대 의학을 알고 있는 사람이 근대로 갔을 때 어떤 상황이 벌어지는지를 그린다. 그 상황만으로도 드라마가 만들어진다.

하지만 지금 가장 인기 있는 이슈를 따라가는 것은 위험성이 크다. 비슷한 작품이 많아 차별성이 없어 보이는 경우가 많기 때문이다. 그보다는 사회적인 이슈를 작품으로 승화시키는 것이 더 눈길을 끌 수 있다. 근래에 사회적으로 화제가 되었던 사건이나 발견, 발명 등을 소설에 끌어들이는 것이다. 예를 들어 유전자 복제나 화성의 물 발견 등을 소재로 이야기를 전개한다면 조금 더 관심을 끌 수 있다. 정치로 본다면 윤태호의 웹툰을 원작으로 한 영화 〈내부자들〉은 마치 한국의 정치 상황을 예언한 것처럼 보이며 더욱 화제를 모았다.

그리고 네이버 웹소설을 비롯한 플랫폼에서는 모바일 친화성을 중시한다. 위에 말한 작품의 기본적인 요소 이외에 모바일로 보기에 좋은가, 나쁜가를 따지는 것이다. 아무리 완성도가 높은 작품이어도, 문장이 너무 길고 이야기가 빡빡하게 전개된다면 모바일 친화성은 낮다. 모바일로 보기에는 무엇보다 한 화면에서 일목요연하게 상황을 볼 수 있고, 빠르게 다음 문장으로 넘어갈 수 있는 단문이 좋다. 대사를 예리하거나 유머러스하게 혹은 빠르게 주고받는 식으로 처리하면 좋다. 그리고 A4 용지 6, 7매 정도인 한 화 분량에서 기승전결이 분명해야 한다. 시작에서 마지막까지 리드미컬하게 읽을 수 있는 형식이 필요한 것이다. 그리고 마지막 부분에서는 다음 화를 궁금하게 만드는 기교가 필요하다.

공모전에서 필요한 것은 무엇보다 새로움이다. 단숨에 눈에 확 들어오는 이야기여야 한다. 대중적인 인기에 부합하기 위해서는 캐릭터도 중요하지만 공모전에서는 이야기의 완성도를 보는 경우가 더 많다. 옴니버스나 연작이 된다면 캐릭터의 중요성이 더해질 것이고. 가장 중요한 것은 새로운 아이디어를 얼마나 흥미롭게 이야기로 구성해낼 것인가 하는 것이다. 웹소설 플랫폼에 작품을 낼 때에는 각 화를 구분하여 이야기를 조절해야 하고, 장편 이상의 공모전일 때는 전체적인 완성도에 주력해서 쓰는 것이 좋다. 필요하다면 공모전의 성격에 맞게 변형도 해야 한다.

2

웹소설은 장르소설이다

장르란 무엇인가

'장르genre'의 사전적 의미는 "문학, 예술에서의 부문, 종류, 양식, 형식 따위에 따른 갈래"를 의미한다. 좀 더 구체적인 의미를 들여다보면 다음과 같다. "예술에서 작품을 구분할 때 이용되는 느슨한 분류 범위이다. 주로 문학과 수사학 분야에서 사용되었으나, 영화와 음악, 만화, 컴퓨터 게임 등 다른 예술 분야에도 폭넓게 적용된다. 예술 작품을 분류하는 데에는 여러 기준이 있겠지만, 그중 장르는 대체로 각 예술 분야에서 작품의 주제나 전개해나가는 방식, 또는 분위기 등을 기준으로 삼는다."

그러나 오늘날 장르는 이러한 사전적 의미와는 조금 다르다고 봐야 한다. 예술 작품을 구분하기 위해 사용되는 "느슨한 분류 범위"라기보다는 오히려 독자와의 약속된 지표에 가깝기 때문이다. 예를 들어 판타지 '장르'라 하면 대부분의 독자들은 직관적으로 용과 엘프, 마법 등이 등장하는 중세 시대에서 모티브를 얻은 이세계 모험담을 떠올릴 것이다. 반드시 몇 가지 기준을 충족시켜야만 판타지 장르라고 이름을 붙일 수 있는 것은 아니다. 다만 오랜 시간 형성된 장르의 법칙과 그에 따른 독자의 기대치는 어느 정도 장르의 범주를 결정짓는 경우가 많다. 뿐만 아니라 범주 안에 놓인 소설의 스타일과 방향 또한 아우른다. 오늘날 장르란 사전적 의미처럼 편의상 분류를 위한 명칭이라기보다는 오히려 일종의 약속과 법칙, 공식 등을 바탕에 두고 창작된 작품군을 지칭하는 것이다.

장르가 단순히 작품의 내용과 형식을 구분하는 것에서 점차 창작자와 수용자 간의 약속으로 굳어지기 시작한 것은 1930년대 할리우드 스튜디오 시스템의 등장에서 확인할 수 있다. 무성영화 시대부터 유성영화가 발명되기까지 끊임없이 변화를 거듭하던 영화는 영화 기술의 비약적인 발전과 자본 유입의 안정화가 이루어지면서 다양한 장르영화를 안착시키는 데 성공했다. 대공황과 제2차 세계대전 등 급변하는 사회적 상황 역시 직간접적으로 새로운 장르를 만들어내는 원동력으로 작용하여 대중이 빠져들 만한 새로운 요소들을 계속해서 가미하도록 종용했다.

이 당시 인기 있던 장르영화는 뮤지컬, 스크루볼 코미디, 호러, 필름 누아르, 전쟁영화 등이었다. 장르는 단순히 분류의 의미로 사용되기보다는 처음부터 영화를 제작하는 출발점이자 영화의 내용과 구성을 결정하는 핵심이었다. 각 장르별로 특화된 감독과 배우, 연출진이 생겼으며, 각 제작사별로 주력 장르가 자리 잡기 시작했다. 동시에 각각의 장르에 열광하는 팬층이 형성됐다. 비로소 제작진과 팬 사이의 약속을 전제로 한 영화가 '전략적으로' 제작되기 시작한 것이다.

할리우드의 장르영화는 대중이 원한 것이었다. 당시 할리우드는 대형 스튜디오가 장악했고, 감독과 배우 그리고 스탭이 모두 영화사에 고용된 상태였다. 시나리오가 완성되면 제작자가 승인하고, 마땅한 감독과 배우를 골라 제작에 들어갔다. 제작진을 모두 고용한 상태에서는 시간 내에 많은 영화를 만드는 것이 이익이었다. 그리고 감독이 원하는 영화보다 대중이 원하는 영화를 만들어 수익을 올려야 했다. 여기서 중요해진 것이 장르였다. 대중은 장르적 공식에 익숙해지면 쉽게 영화에 빠져들고 팬이 되기 때문이다.

예술영화와 달리 대중영화는 관객이 빠른 시간 내에 영화에 몰입하고 카타르시스를 느끼게 한다. 그러기 위해서는 관객이 주요 인물에게 감정을 이입하고 익숙한 스토리에 빨려들어야 한다. 장르영화의 공식은 관객이 캐릭터와 설정이 무엇인지 파악하는 시간을 줄여준다. 갱스터 영화에 익숙한 관객이라면 10분 정도만 보고 나면 주인공이 누구인지, 스토리가 어떻게 전개될지 알 수 있다.

보통 할리우드 상업영화의 공식은 총 1시간 30분 정도의 러닝 타임에서 초반 10분에 주인공이 누구인지 알려주고, 30분 동안 영화의 스토리 설정과 조연들을 설명한다. 30분 지점에서 중심 사건이 시작되고, 1시간이 되면 클라이맥스로 들어간다. 45분과 1시간 15분 지점에서 반전이나 부차적인 사건들이 벌어지게 된다.

이처럼 공식화된 상업영화는 관객이 낯선 캐릭터와 스토리에 고민하며 따라오는 대신 깊은 몰입도로 카타르시스를 느끼게 한다. 무비판적으로 스토리에 빠져들게 한다는 비판도 받지만 킬링 타임을 위해 극장을 찾는 관객에게는 장르의 익숙한 공식이 영화를 더욱 즐겁게 만드는 요인이 된다.

다만 장르의 공식이 무조건 적용되는 것은 아니다. 익숙한 캐릭터와 얼개를 사용하면서도 조금씩의 변주를 주어야만 관객은 반응한다. 언제나 보던 방식 그대로 진행된다면 오히려 지루하고 따분함을 느끼게 되는 것이다. 대중은 익숙한 것을 원하지만 똑같은 것을 다시 보려 하지는 않는다. 유행이 빠르게 변하는 이유다. 반대로 대중은 새로운 것을 원하지만 너무 특이하거나 도발적인 것은 꺼려 한다. 지나치게 앞선 감각이 외면받는 이유다. 장르의 공식을 따르면서도 변주를 가하고, 새로운 것을 추구하면서도 독자에게 익숙한 장치나 구성을 이용하는 것이 필요하다.

장르의 공식, 따를 것인가 말 것인가?

우리나라에서는 '장르문학'이나 '장르소설'이란 용어를 대부분 순문학과 구별하기 위해 사용한 탓인지 장르문학이라고 하면 순문학보다 작품성이 떨어진다는 인식이 강하다. 흔히 '장르의 법칙', '장르의 공식'이라 불리는 것 역시 장르물을 창작하는 요소나 독자들이 향유하는 포인트로 받아들이기보다는 '뻔한 것', '식상한 것'으로 생각하기 일쑤다. 그러나 장르의 법칙은 정해진 장르의 틀 안에서 독자와의 약속을 전제로 창작된 장르소설의 원천적 특징을 의미한다. 고로 무작정 장르의 법칙을 잘못된 것이나 반드시 피해야 할 것으로 받아들이는 태도는 곤란하다.

가령 모든 장르소설은 뻔한가? 당연히 그렇지 않다. 또한 무수히 많은 장르소설 중에서도 사람들의 지지를 받는 작품은 소수에 지나지 않는다. 뻔하다고 하지만 재미있는 작품도 있는 반면 새롭긴 하나 재미없는 작품도 무수히 많다. 무엇보다 좋은 작품은 장르의 공식을 따르면서도 장르의 새로운 관습을 선도하기 마련이다. 장르의 공식이란 결코 단순하지 않은 문제다.

우리가 장르를 이야기하면서 또 하나 간과하고 있는 사실이 있다. 바로 장르문학, 장르소설, 장르영화 등의 용어가 '엔터테인먼트 요소'라는 의미를 내포하고 있다는 점이다. 주로 서사 방식을 지칭하는 '장르의 공식' 역시 이러한 맥

락에서 이해하는 것이 중요하다. 각 장르별로 독자들이 기대하는 엔터테인먼트 요소가 반드시 존재하듯이 장르의 법칙 역시 일정 부분 독자가 원하는 공식들을 포함하고 있다.

무협 장르에는 거의 절대적이라고 해도 좋을 만큼 정파와 사파, 기연奇緣, 내공 등의 요소가 존재한다. 이를 다루는 방식은 천차만별이지만, '기연(기이한 만남)'을 통해 주인공의 성장과 고락이 결정되고, 내공으로 캐릭터의 잠재력과 무공의 깊이를 짐작케 하는 것은 일반적인 무협 장르의 정체성이자 특징이다. 로맨스 장르도 마찬가지다. 얼핏 완벽해 보이는 동경할 만한 상대와 그에 비해 조금은 모자라 보이는 인물이 주인공이자 화자로 배치되는 것은 장르의 법칙이자 동시에 로맨스 장르 본연의 엔터테인먼트 요소나 다름없다.

장르의 공식이 이렇게 만들어진 것에는 나름의 이유가 있다. 기연으로 내공이 강해지며 성장하는 것은 주인공이 강해져야 할 필요가 있기 때문이다. 그런데 보통의 방법으로는 너무 시간이 많이 걸리거나 아예 불가능하다. 그래서 우연적인 사건 혹은 필연적으로 그럴 수밖에 없었던 상황을 통해서 주인공을 강력하게 만든다. 그 우연성과 기발함 때문에 더욱 흥미로울 수도 있다.

모든 것을 갖춘 남성과 평범한 여성의 로맨스가 인기를 끄는 것은 판타지를 자극하기 때문이다. 돈도 있고, 잘생기고, 능력도 좋은 남자가 있다. 그런데 성격이 나쁘다. 뭔가

트라우마도 있어 커다란 단점이 보인다. 처음에는 완벽해 보였지만 조금씩 시간이 흐르면서 약점이 드러난다. 그것을 알아차리는 것은 오직 주인공뿐이고, 그렇기에 평범한 여성 주인공에게 사랑이 시작된다. 만화 『꽃보다 남자』는 모든 것을 갖춘 남자 네 명이 평범한 여성인 주인공에게 끌린다. 그것은 여성의 판타지라고 할 수 있다. 평범한 여성을 내세우면 독자가 주인공과 경쟁하지 않고 동질감을 느끼거나 공감하기 쉽다. 이처럼 장르적인 관행으로 굳어진 요소들은 나름의 이유가 있어 생겨났고, 인기를 끌면서 고착되었다.

재미있는 장르물의 포인트

반드시 따를 필요는 없다 해도 어떤 것이 장르의 공식인지는 알고 있어야 한다. 그래야 장르소설을 집필하는 것이 가능할 뿐 아니라 좋은 장르소설을 쓸 수 있다. 보통 뛰어난 장르물 창작자는 해당 장르에 정통해 있기 마련으로 이미 오래된 장르 독자인 경우가 대부분이다. 잘 알고 있는 익숙한 장르의 법칙을 활용해 독자를 끌어들이고, 어느 순간 전형적인 방향에서 벗어나 독자의 예상을 뒤집으면서 전혀 다른 국면으로 넘어간다. 탁월한 창작자는 늘 이런 방식으로 장르를 능수능란하게 휘저으며 주무른다.

예컨대 해당 장르의 법칙을 꿰고 고착화된 요소를 파악했다면 여기서 중요한 몇 가지를 바꾸는 것만으로도 작품에 새로운 질감을 더할 수 있다.

미스터리 장르의 주인공은 늘 괴팍한 탐정이나 고독한 형사여야 할까? 고전 미스터리에는 셜록 홈즈나 에르퀼 푸아로 같은 탐정이 많았다. 하드보일드에서도 대부분 탐정이 등장했지만 점차 형사가 많아지게 됐다. 범죄를 접하고 수사하는 이들은 대부분 탐정이나 형사기 때문이다. 하지만 변호사, 검시관, 정신분석의, 프로파일러, 민완 기자 등 범죄가 발생하면 직간접적으로 개입할 수 있는 직업들이 다양하게 등장해왔다.

일상물에서는 직장인이나 가정주부 등 평범한 사람이 사건을 해결하는 경우도 많다. 그 이상으로 파격적인 설정도 있다. 미치오 슈스케의 『해바라기가 피지 않는 여름』은 초등학생 아이를 주인공으로 내세워 어린아이의 시선에서 동급생의 죽음을 파헤친다. 환생이라는 소재를 비롯해 몇 가지 서술 트릭도 특별하지만 무엇보다 살인 사건과 맞닥뜨린 열 살 어린이가 느끼는 공포가 작품에 색다른 느낌을 더한다.

그런가 하면 인간이 아닌 고양이를 탐정 역으로 내세운 『삼색 고양이 홈즈』 시리즈도 있으며, 배경을 로마 시대로 옮긴 역사 미스터리 『로마 서브 로사』 시리즈 또한 기존 역사소설이나 미스터리소설과는 다른 느낌을 자아내며 너른 팬층을 확보하고 있다. 이 작품들은 모두 단순하지만 파격적인 변주를 통해 탄생한 새로운 스타일의 미스터리로 평가받는다.

결국 장르의 법칙을 꿰는 것, 그리고 이를 익숙한 듯 새롭게 가공해내는 것이 재미있는 장르물을 만들어내는 포인트다.

재미가 없으면 의미도 없다

그렇다면 장르소설 독자들이 기대하는 것은 무엇일까? 앞서 장르의 법칙을 독자와의 약속 혹은 장르 본연의 엔터테인먼트 요소란 말로 다소 추상화했는데 사실 목적은 무척 단순하다. 기본적으로 장르소설 독자들이 기대하는 바는 일차적으로 '재미'다. 아마 이차적으로도 재미일 것이다. 처음과는 다른, 또 다른 재미. 조금 더 뒤로 가면 감동이나 의미, 교훈, 작품성, 메시지 등이 자리할 수도 있겠지만 기본적으로 재미없고 지루한 작품이라면 모든 것이 그저 부차적인 의미 부여에 그칠 뿐이다.

'재미'라는 것은 포괄적이면서 동시에 무척 개인적인 가치이긴 하다. 작품마다 건네는 재미의 형태는 백인백색일 뿐 아니라 같은 작품이라도 사람마다 느끼는 재미는 모두 제각각이기 때문이다. 우선 스토리를 통한 서사의 재미일 수 있다. 개성적인 캐릭터의 매력에서 재미를 느끼는 경우도 다반사다. 혹은 작품이 교묘하게 은유하거나 내포하고 있는 메시지나 캐릭터의 자기반성에서 느껴지는 뭉클한 감동, 작중 인물들의 사랑과 모험과 성장에서 얻는 대리만족 등 그 범위는 무척 방대하다. 어쩌면 언급한 모든 요소가 절묘하게 어우러진 것을 재미라 일컫는 것일 수도, 언급하지 않은 무언가가 결정적 재미로 작용할 수도 있을 것이다. 단 하나 확실한 것이 있다면 각 장르별로 존재하는 엔터테인먼트 요소만큼은 장르소설의 구성 요소나 검증된 요건일 뿐 아니라 독자들이 기대하는 바와 정확히 맞닿아 있다는 점이다.

틀 안에서 새로운 재미 찾기

최근 우리가 새롭다고 느끼는 작품 중에도 새로운 요소를 덧댔다기보다는 각 장르의 엔터테인먼트 요소를 결합한 것들이 많다. 서양의 환상소설인 '판타지 장르' 세계에 동양의 환상소설인 '무협 장르'의 주인공을 소환하기도 하고, 판타지나 무협 등 기존 장르물의 공간에 로맨스물을 구현해 조금은 새로운 질감의 로맨스 장르를 구축해내기도 한다. 소위 퓨전판타지나 판타지로맨스 등의 장르가 이제는 익숙해졌다.

서양에서는 좀비물이 인기를 끌면서 좀비를 소재로 한 다양한 소설이 창작됐다. 전통적인 좀비 아포칼립스물은 좀비가 처음 나타나면서 사람들이 물리고 그들이 좀비로 변하면서 순식간에 세계의 문명이 파괴되어가는 이야기와 좀비가 이미 지구를 장악한 후 살아남은 인간들이 어떻게 되었는지를 보여주는 이야기로 나뉘게 되었다. 그러면서 좀비를 다루는 방식이나 파생되는 이야기도 더욱 세분화된다.

드라마 〈워킹 데드〉의 원작 만화를 그린 로버트 커크먼의 다른 좀비 만화인 『피어 더 워킹 데드』는 좀비가 정말로 현실 사회에 나타난다면 어떤 일이 벌어질 것인지를 세세하게 다룬다. 주변 사람들이 좀비가 되었을 때, 거리에서 좀비를 만났을 때 사람들이 어떤 반응을 보이게 될 것인가. 정부는 어떤 식으로 대처할 것인가 등을 리얼하게 그려낸다.

좀비와 사랑에 빠지는 로맨스물 『웜 바디스』도 있다. 좀비와 사랑에 빠지는 것이 과연 가능한 일일까? 무엇보다 가장 큰 문제는, 시체를 사랑하는 네크로필리아Necrophilia가 아니고서야 어떻게 이미 썩거나 문드러진 좀비와 사랑에 빠질 것인가다. 『웜 바디스』는 간단하게 문제를 처리한다. 좀비에도 다양한 등급이 있는 것이다. 어느 정도 기억이 남아있으며 비교적 깨끗하고 생생한 육체를 가진 좀비가 있고, 사악하고 보기에도 소름 끼치는 좀비가 있다면 착한 좀비라는 설정이 가능해지고, 사랑도 가능해진다. 이렇듯 전형적인 장르의 공식을 이용하면서도 이질적인 요소를 더하여 익숙한 듯 새로운 느낌을 만들어내는 방법이 있다. 어쨌든 장르소설의 재미란 정해진 틀 안에서 새로운 면면을 발굴하고 펼쳐내는 데에서 시작하는 것이니 말이다.

내가 읽고 싶은 작품을 쓴다

작가는 무조건 독자들이 느끼는 재미에만 전력투구해야 할까? 작품을 쓸 때 재미를 가장 우선시하는 것이 과연 옳다고 할 수 있을까? 궁극적으로 과연 그것을 작가라 할 수 있을까? 이런 의문들은 기존에 순문학과 장르문학을 분리하고 저평가되기 일쑤였던 장르문학에 대한 선입견과도 일치한다. 일정 부분 이런 의문이나 반박을 인정하지 않을 수 없는 것도 사실이다. 실제로 장르소설의 태반은 오로지 재미만을 주거나 대중의 요구에 맞춘 평범한 작품인 경우가 많다. 그럼에도 뛰어난 장르소설은 언제나 재미 이상의 무엇을 준다. 작가가 재미있는 것 이상을 추구하면서 쓰는 것도 얼마든지 가능하다.

결론은 하나다. 작가가 가장 재미있다고 생각하는 것을 써라. 작가가 하고 싶은 말을 해라. 그다음은 어떻게 독자에게 전달할 것인가의 문제다. 장르물을 쓰는 작가들은 스스로 장르를 좋아하기 때문에 쓰는 것이고, 동시에 많은 독자가 원하기에 쓰는 것이기도 하다. 그렇기에 작가는 첫 독자인 동시에, 익숙한 것만이 아니라 새로운 것을 요구하는 열혈 독자가 된다. 내가 읽고 싶은 작품을 내가 쓴다. 그것이 장르 작가의 목표이기도 하다.

중요한 건 연극의 3요소에서 '관객'이 빠지지 않는 것처럼 문학 역시 독자 없이는 결코 성립하지 않는다는 점이다.

소수의 독자들이 향유하는 소설도 반드시 필요하다. 그러나 웹소설은 기존 출판 소설에 비해 문턱이 낮고 접근이 쉬운 반면, 소수의 독자만 만족시켜선 안타깝게도 비주류에 머무를 수밖에 없다. 많은 클릭을 요구하고, 인기를 끌어야만 지속적으로 작품을 연재하고 돈을 벌 수 있기에 일단 인기를 끄는 것이 웹소설의 제일 중요한 목표다. 독자라는 존재는 간사하고 잔인한 데다 비정하다. 웹소설을 쓰는 일이란 매주 그런 영리하면서도 비정한 존재와 맞닥뜨리며 그들의 마음을 훔쳐야 하는 고된 작업이다. 어쨌든, 재미가 없으면 의미고 뭐고 아무것도 인정되지 않으니 말이다.

작가 vs. 독자

독자는 작가가 자신을 압도하길 바라면서도 쉽게 우위를 내주지 않으려 하는 이중적인 존재이기도 하다. 따라서 불특정 다수 독자의 구미에 맞추는 작업은 영원히 불가능하기도 할뿐더러 따라가기만 하는 것도 옳지 않다. 독자들이 원하는 바를 그대로 좇는 소설은 잘해봐야 '평범한' 소설에 불과하다. 때때로 장르소설 마니아들이 작품을 힐난할 때 '이 정도 소설은 나도 쓰겠네', '이것보다는 내가 훨씬 더 잘 쓸 수 있겠네'라고 비아냥거리는 경우가 있다. 반대로 '작가 혼자만 재미있어 보인다'는 악평은 더 슬프기 짝이 없다. 작가가 독자와의 타협을 고려하는 동시에 자기 자신만의 특별한 아아이덴티티와 스타일을 가미해야 하는 것만은 분명하다. 좋은 작가는 독자와의 거리를 능수능란하게 저울질하며 독자들의 호응을 얻을 뿐 아니라 자신의 특별한 색깔을 구축해야만 한다. 이미 '검증된 재미'를 마치 새로운 것인 양 능숙하게 변주해내는 것이다.

대가로 일컬어지는 장르소설가 대부분은 자신만의 색깔을 가지고 있다. 이는 작가의 성장 경력이나 취향에 좌우되는 경우가 많다. 예컨대 스코틀랜드의 대표적인 범죄소설 작가 이언 랜킨Ian Rankin은 영국 범죄소설 전체 판매량의 10퍼센트를 차지한다고 알려진 대단한 베스트셀러 작가다. 단순히 책만 많이 팔리는 것이 아니다. 수상 경력이나 '타탄 누아르tartan noir의 제왕'(스코틀랜드 전통 의상에 쓰이는 격자 무늬 직물인 타탄에서 비롯된 말로 스코틀랜드를 배경으로 한 누아르를 일컫는다)이라 일컬어지는 그의 명성은 천문학적인 판매량 이상으로 높은 평가를 받는다. 오늘날 이언 랜킨을 정점에 올려놓은 대표작은 존 리버스 경위가 등장하는 일명 '존 리버스 시리즈'다. 존 리버스 시리즈는 1987년 처음 출간돼 이후 2016년까지 21권의 책으로 출간되며 무려 30년 동안 사랑받고 있다.

이언 랜킨은 에든버러 대학에서 뮤리얼 스파크Muriel Spark(영국의 여성 소설가)를 연구하는 대학원생이자 『지킬 박사와 하이드 씨』의 작가 로버트 스티븐슨에 심취한 소설가 지망

생이었다. 자연히 그의 첫 장편소설인 『홍수The Flood』(1986)만 해도 오늘날 그의 전문 영역인 범죄 스릴러와는 거의 무관한 작품이었다. 두 번째 장편소설이자 첫 범죄소설인 『매듭과 십자가』는 대학 때부터 줄곧 읽어왔던 뮤리얼 스파크를 연상시키는 고딕풍의 이야기에 자신의 고향인 에든버러를 배경으로 시작했다.

당시만 해도 그는 미스터리나 범죄소설 장르에 별 관심이 없었고 심지어 경찰소설에 대해서는 아는 게 전혀 없었다고 한다. 단지 시간적 배경은 현대여야 했고 따라서 막연하게나마 남자 주인공은 경찰관이 어떨까 하는 것이 대강의 구상이었을 뿐이다. 『매듭과 십자가』가 리버스 경위를 주인공으로 하는 스무 편에 이르는 시리즈로 발전하리라고는 생각지도 못했기에 훗날 랜킨은 "아무 생각 없이 리버스에게 복잡한 이력과 황당한 이름('Rebus'란 그림, 글자, 기호 등을 맞추어 어구를 만드는 수수께끼를 의미하는데, 실제로 작품에서 존 리버스는 범인이 보낸 괴상한 수수께끼와 맞닥뜨린다)을 안겨주었다"고 술회하기도 했다.

특별한 이력 덕분에 『매듭과 십자가』는 전형적인 하드보일드 장르의 품새를 갖추고 있으면서도 본격 미스터리에서나 등장할 법한 '수수께끼'가 중요한 단서를 이루는 등 독특한 요소들이 혼재되어 있다. 랜킨은 이 작품을 단순한 범죄소설이나 하드보일드 소설을 목표로 집필한 것이 아니다.

오히려 『지킬 박사와 하이드 씨』의 현대적 재해석으로 받아들여지기를 바랐다. 이언 랜킨은 에든버러라는 도시에 '이중성'이란 키워드를 더해 작품 전체의 메시지로 활용한다. 스코틀랜드의 수도이자 유명한 관광 도시인 에든버러가 사실은 『지킬 박사와 하이드 씨』가 탄생한 이중적이며 정신분열증적인 도시라는 점을 부각하는 한편 기존 미스터리 장르가 보여준 익숙한 사건을 가미함으로써 새로운 국면을 마련한 것이다.

특별한 점은 여기에 그치지 않는다. 존 리버스 시리즈에서 작중 리버스는 의외로 셰익스피어나 도스토옙스키, 월트 휘트먼 등을 인용하는 굉장히 박식한 모습을 보인다. 또 리버스는 차에서 클래식 음악 채널을 듣고, 집에서는 하이파이로 재즈나 비틀스의 '화이트 앨범'을 틀어놓는다. 작중 리버스의 투박한 모습과는 일면 상충되는 모습인데, 이는 당시 젊은 작가였던 이언 랜킨이 존 리버스의 입을 빌려 소설가로서의 자신을 드러내기 위해 좀 더 문학적이고 창의적인 표현을 담으려 했기 때문이다. 대부분 그가 평소 즐겨 보고 듣던 문구요, 음악이었다.

결과적으로 평범한 범죄소설을 의도하지 않은 그의 시도는 작품에서 더더욱 개성 있는 목소리로 기능했으며, 주인공 존 리버스를 더더욱 복합적인 캐릭터로 만들었다. 이는 오늘날 '타탄 누아르'라는 새로운 명칭으로 이어져 이언 랜킨과 그의 영향 아래 놓인 일군의 작품을 아우른다. 자신의 장기와 배경에 기존 크라임스릴러 장르의 법칙을 절묘하게 합치시킴으로써 새로운 스타일을 '선도'한 것이다.

이처럼 작가의 이력은 작품에 전문적인 지식과 색깔을 입히는 경우가 많다. 『펠리컨 브리프』, 『의뢰인』 등으로 유명한 존 그리샴은 변호사 사무실에서 10년 넘게 일했고, 법정을 무대로 한 재판 과정과 법률적 다툼을 소재로 한 스릴러소설로 베스트셀러 작가가 되었다. 『바티스타 수술팀의 영광』과 『제너럴 루주의 개선』의 가이도 다케루와 '제인 리졸리 시리즈'를 쓴 테스 게리첸은 의사 출신으로 메디컬 스릴러를 쓰고 있다. 『유다의 별』을 쓴 도진기는 현직 판사로 미스터리 소설을 써서 화제를 모으기도 했다. 현실을 다룬 미스터리에서, 작가의 이력과 경험은 특정한 분야 혹은 인물과 상황의 리얼리티를 끌어올리는 데 큰 영향을 미친다.

또한 『랫맨』, 『달과 게』, 『섀도우』, 『해바라기가 피지 않는 여름』의 작가 미치오 슈스케는 고등학교 때 록 음악에 심취했는가 하면 대학 시절에는 동식물, 불상佛像 등에 관심을 가졌다. 이후 정신의학, 낚시와 사이클에 이르기까지 다양한 취미와 다방면으로 쌓아온 지식을 그대로 작품에 반영해 미스터리에 자신만의 새로운 색을 입히며 단숨에 무서운 신예로 등극했다.

네이버 웹소설 『광해의 연인』이 로맨스로 각광받을 수 있었던 것 역시 마찬가지다. 실제 역사와 인물을 기반으로 한 '팩션'이 탄탄하고도 이색적인 바탕을 이루고 있었기에 현재와 과거를 오가는 '역사 로맨스'라는 설정이 흥미를 자극할 수 있었다. 독특한 설정 안에서 로맨스의 가치가 더욱 빛난 것이다. 결국 자신의 흥미는 무엇인지, 작가로서 자신만이 가진 장점은 무엇인지를 고민하고 이를 작품에 적절히 녹여내는 것이야말로 독자와 작가 사이에 위치시켜야 할 가장 중요한 정체성이다.

한국 웹소설의 지형도

가장 대중적인 웹소설 사이트로 발돋움한 네이버 웹소설을 보면 현재 한국 웹소설의 지분과 구성을 어느 정도 확인할 수 있다. 현재(2017년 5월 기준) 네이버 웹소설의 장르는 여덟 개로 구분되어 있다. '로맨스', '로판(로맨스판타지)', '판타지', '무협', '미스터리', '역사&전쟁' '라이트 노벨', '퓨전'이 그것이다. 여러 번 말했듯 대부분 이런 카테고리에는 해당 장르를 의도한 작품들이 차지하고 있다.

여기서도 가장 인기 있는 장르는 로맨스 장르다. 다음으로는 판타지와 무협이 자리하고 있으며 미스터리와 라이트 노벨 등은 상대적으로 소수 장르로 분류된다. 이 중 라이트 노벨은 일본의 영어덜트 계열 대중소설을 지향하는 만큼 명확한 장르적 속성을 띠기보다는 좀 더 복합적으로 익숙한 '

라노베'의 모습을 보여준다. 주로 애니메이션을 소설로 옮긴 듯한 느낌의 작품들이다. 퓨전 역시 단어의 뜻 그대로 '복합 장르'라기보다는 분류된 카테고리 안에 명확히 배열할 수 없는 모호한 장르를 의미한다고 보는 것이 좋을 듯하다. 현재까지도 네이버 웹소설의 퓨전 장르에 속한 작품은 완결과 미완결작을 포함해 채 열 작품이 되지 않는다.

플랫폼의 특성을 파악하라

네이버 웹소설의 대세는 로맨스다. 네이버 웹소설 독자의 연령층은 13세에서 24세, 즉 10대와 20대 초반이 가장 많으며 그중에서도 남성 독자보다는 여성 독자층이 우세하다. 작품 몇몇이 이미 드라마화되어 웹소설 독자만이 아니라 일반 대중과도 종종 조우했던 만큼 로맨스의 서사 구조는 익숙한 편이다. 과거와 현재, 현실과 판타지를 넘나드는 새로운 세계관과 캐릭터들의 면면이 드라마나 영화 등 기존에 로맨스 장르를 만들고 있는 타 매체의 제작진들이 흥미를 느낄 만큼 무척 독특하게 다가온 것이다. 그런 의미에서 2016년 가장 크게 성공한 웹소설은 단연 『구르미 그린 달빛』이었다. 이 작품은 네이버 웹소설에서 총 131회 연재되어 누적 조회수 5,000만 건을 넘어섰으며 드라마 방영 당시에는 한 달 유료 매출액 5억 원을 돌파하기도 했다.

'판타지' 장르는 과거 'SF&판타지'로 분류되던 카테고리

인데 현재는 바뀐 카테고리명 그대로 과학소설Science Fiction을 표방한 작품은 많이 보이지 않는다. 대부분의 작품이 환상이라는 의미의 '판타지'를 너른 의미로 아우르며 확산하고 있는 모양새다. 검과 마법 그리고 용이 등장하는 정통 판타지 세계를 그리는 작품이 있는가 하면, 현대를 무대로 한 어반판타지나 판타지 세계에서 로맨스에 주력한 작품 등 종류는 무척 다양하다. SF는 이미 과학적 사유나 테크놀로지의 발전에 따른 미래의 전망 등에 기초한 하드 SF 작품보다는 가상의 미래 세계 혹은 우주를 배경으로 상상력을 펼치는 쪽으로 넓어졌다.

무협 역시 활발히 창작되는 장르 중 하나다. 기존의 무와 협을 중시하는 무협소설과는 달리 비교적 가벼운 형식으로 구현해 너른 독자층을 확보한 작품이 많으며, 역시 로맨스 요소를 부각하는 경우가 많다. 현대적인 무협이나 개성적인 주인공을 등장시키는 등 색다른 설정으로 눈길을 끄는 작품들이 오랫동안 독자들에게 사랑받고 있다.

미스터리 장르는 범죄소설 장르와 공포 장르까지 아우른다. 한국의 대표적인 공포소설가인 김종일이 자신의 장기를 그대로 펼쳐낸 작품까지 연재됐을 만큼 진폭이 넓은 것이 특징이다. 말인즉 반대로 미스터리에 속하는 작품들의 수가 적을 뿐만 아니라 네이버 웹소설을 이용하는 독자 중에서 미스터리 장르를 선호하는 경우가 많지 않다는 의미이기도 하다.

네이버 웹소설의 장르 구분은 상당히 독자 친화적이다. 예를 들어 로맨스물을 읽는 독자 중 미스터리를 읽는 독자가 거의 없다는 점, 그리고 그 역 또한 거의 성립하지 않는다는 가정하에 카테고리화된 점이 그렇다. 작품 대부분은 일반적인 장르 구분을 따르지만 때때로 장르가 혼재되어 있거나 로맨스에 편향된 작품들까지 각 장르의 특징을 부각시켜 배열한 점 또한 흥미롭다. 덕분에 수많은 작품 중에서도 기존 장르적 관습에 새로운 아이디어를 얹어낸 작품들이 우선 눈에 띄는 한편, 장르의 법칙을 답습하는 작품도 다수 존재한다.

네이버 웹소설과 카카오 페이지, 문피아, 조아라, 북팔 등의 플랫폼만이 아니라 리디북스와 예스24 등에서도 웹소설을 선보이고 있다. 소설 하나가 많은 플랫폼에 동시에 연재되기도 한다. 그러나 대형 히트작을 제외한다면 같은 작품이라도 플랫폼마다 인기도가 다르다. 즉 플랫폼마다 독자의 성향이 다르고, 선호하는 작품도 달라진다. 그렇기에 작품을 쓸 때에는 자신이 좋아하는 플랫폼이나 연재하고 싶은 플랫폼을 정하고 도전하는 것도 좋다. 그 플랫폼의 인기작들을 살펴보고 분석하여 자신의 소설에 인기 요소를 더하는 것이다.

하지만 인기작들을 따라가고, 플랫폼의 성향만을 고집한

다면 오히려 아류작밖에 쓰지 못하는 경우도 있을 수 있다. 그보다는 자신이 쓰고 싶은 작품, 자신이 즐겁게 쓸 수 있는 작품을 쓰는 것에 매진한 후 완성본의 성향에 맞는 플랫폼을 찾는 게 낫다. 동시에 몇 군데에서 연재한 후 자신의 작품 경향과 맞는 플랫폼을 찾는 방법도 있다. 그러니 우선은 자기가 쓰는 소설의 완성도를 높이고 재미있는 소설로 만들기 위한 노력을 하는 것이 중요하다.

3

장르별 웹소설 탐구

지금부터 소개할 장르 탐구에서는 개별 장르 소개와 더불어 네이버 웹소설의 인기작을 덧붙여 설명할 것이다. 앞서 여러 차례 설명한 바와 같이 장르는 독자와의 약속이며, 웹소설의 첫째 기치는 재미다. 가장 많은 독자가 선택한 작품들이 어떻게 장르의 규칙과 한계를 이용하거나 극복했는지를 살펴봄으로써 각 장르의 실제적 변주까지 확인해보자.

로맨스

'로맨스Romance'는 원래 사랑과 무용武勇을 다룬 기사 이야기를 가리키는 말이었다. 12세기 중엽부터 13세기까지 전성기를 누렸던 로맨스는 서정적인 곡조와 공상적인 어조, 필요 이상의 상세한 묘사로 기사들의 모험을 찬미한 일련의 서사 형식을 의미했다. 하지만 로맨스의 뜻은 현대에 이르러 완전히 새로운 개념으로 정립됐다. 오늘날 로맨스는 중세시대 무훈시의 서술 방법과는 달리 심리적 통찰에 집중함으로써 '사랑 이야기'를 대체하는 용어로 통용되는 동시에 '연애물'이라는 장르적 개념으로 확장됐다.

현대 로맨스소설이 대중화된 것은 20세기 초 영국의 출판사인 밀스앤드분Mills&Boon에 의해서였다. 원래 밀스앤드분은 애거서 크리스티 같은 미스터리소설이나 잭 런던으로 대표되는 자연주의 문학에 이르는 다방면의 소설을 펴내던 출판사였다. 그러나 시험적으로 시작한 로맨스물의 판매가 급증하자 곧 로맨스소설 전문 출판사로 방향을 선회한다. 이때 밀스앤드분의 성공에 주목했던 캐나다 출판사 할리퀸북스Harlequin Books가 오늘날 로맨스소설의 대명사로 일컬어지는 '할리퀸 로맨스'라는 이름으로 밀스앤드분의 책을 북미에 소개하기 시작했다. 1970년대부터는 아예 할리퀸의 간판 아래 두 출판사가 합병되면서 할리퀸은 전 세계에 로맨스물을 번역, 소개하는 거대한 출판사로 발돋움한다.

이후 할리퀸을 필두로 여러 중소 출판사들이 경쟁적으로 작품을 출간하면서 로맨스소설은 전성기를 맞는다. 출간되는 작품 수가 늘어나면서 자연히 팬층은 두터워졌고, 좀 더 새로운 이야기를 원하는 독자들이 늘어나면서 로맨스물의 범위 또한 폭발적으로 확장됐다. 우선 주로 짧은 분량의 이야기였던 로맨스물은 점차 긴 이야기로 탈바꿈했다. 뿐만 아니라 다양한 역사 시대를 배경으로 하고, 남녀 관계를 좀 더 복잡하게 얽는 등 계속해서 새로운 요소를 더해갔다. 이후 해피엔드를 배신하는 결말이나, 남녀 간의 육체관계에 집중한 관능적인 작품에 이르기까지 수만 가지 스타일의 다양한 로맨스 작품이 창작되며 오늘에 이른다.

물론 사랑 이야기가 등장한다고 해서 모두 로맨스 장르는 아니다. 오늘날에는 오히려 남녀 간의 사랑을 다룬 에피소드가 전혀 등장하지 않는 작품이 드문 편이지만 모든 작품을 로맨스물로 보진 않는다. 로맨스의 핵심은 시간이 지나면서 점차 거리를 좁혀가는 남녀 사이의 관계에 있다. 무협이나 판타지 장르에 로맨스 요소를 가미한 일련의 웹소설만 봐도 쉽게 알 수 있다. 작품 안에서 로맨스는 단지 양념에 지나지 않는다. 서사의 가장 중요한 줄기가 따로 있기 때문에 로맨스 부분을 덜어낸다 하더라도 이야기 자체는 성립한다. 물론 재미가 덜할 수는 있겠지만.

반면 로맨스 작품에서는 러브 스토리를 제외한다면 거의 아무것도 성립하지 않는다. 로맨스물의 서사에서 가장 중요한 것은 남녀 간의 사랑이다. 점차 발전하거나 때때로 와해되고 소원해지기도 하는 두 사람의 연애 관계를 담아내는 것이 언제나 서사의 중심을 이룬다. 이러한 로맨스 본연의 서사와 더불어 로맨스 특유의 장르적 쾌감을 전달하는 것이 모든 로맨스물의 지상 과제다.

현실에서는 접할 수 없는 크고 작은 사건과 위기를 직조하면서 이를 통해 발전해가는 커플의 이야기를 중점적으로 그려낸 작품은 어드벤처물이나 스릴러물이라기보다는 훌륭한 로맨스물에 가깝다. 마찬가지로 과거 실존했던 역사 시대나 판타지 세계를 배경으로 하지만 모든 고난과 역경을 극복하고 마침내 진실한 사랑을 확인하는 커플을 다룬 이야기 역시 로맨스물의 구조를 따른 작품으로 볼 수 있다. 덕분에 인물 관계를 다양하게 변형하고 관능적인 요소를 다채롭게 활용하는 것만으로도 로맨스소설의 하위 장르는 수백 가지에 이른다.

그럼에도 로맨스물의 결론은 뻔하다. 서로 밀고 당기기 일쑤였던 남녀가 마침내 합일을 이루거나, 드물긴 하지만 그 반대의 결말을 맞이하는 것이 통상적이기 때문이다. 하지만 이러한 장르적 속성이야말로 로맨스 팬들을 끌어들이는 가장 중요한 요소다. 어떠한 고난이 닥쳐도 마침내 진실한 사랑이 승리하며, 불굴의 용기를 앞세운다면 반드시 해피엔드를 맞이할 수 있다는 확신이 감동으로 귀결되기 때문이다. 안타깝게도 로맨스의 본질을 '판타지'나 '대리 만족'으로 치부하는 선입견 역시 여기서 기인한다. 그럼에도 불구하고 지금 이 순간까지도 로맨스물은 끊임없이 생산되고 있으며, 여전히 많은 팬들이 로맨스물을 찾는다. 뻔한 '결론'보다는 예측불허의 흥미진진한 '과정'이 결국 로맨스 장르의 핵심이기 때문이다.

로맨스는 웹소설 가운데서도 가장 너른 팬을 확보하고 있는 장르로 연재 중인 수백 종의 작품 수만큼이나 다채로운 작품으로 그득하다. 수많은 작품 가운데서도 유독 눈에 띠는 작품은 있기 마련이다. 남들보다 새로운 판을 짜고 이를 로맨스 장르 본연의 서사로 능숙하고도 유려하게 녹여낸 작품이 인기를 끄는 것은 당연하다.

대표적인 작품이 『광해의 연인』(유오디아 작)이다. 네이버 웹소설 최초의 빅히트작으로 일컬어지는 『광해의 연인』은 2013년 네이버 웹소설 부동의 1위를 지켰던 작품으로 타임슬립(시간여행), 팩션 등의 새로운 요소로 우선 눈길을 끌었다. 이 요소들이 단순히 흥미에 그치지 않고 온전히 역사물로서의 배경을 뒷받침하는 데 사용되기에 더더욱 참신한 작품으로, 훌륭한 역사 로맨스로 다가온다.

시간여행자는 과거의 일에 관여하지 않는다. 그것은 오래전부터 내려온 가문의 불문율이라고 아빠는 말씀하셨다.
'경민아, 시간여행자가 아무리 그 역사를 바꾸려고 해도, 한 번 정해진 역사는 결코 변하지 않아. 만약 역사를 바꾸려고 시도한다면 역사는 정해진 그 자리를 지키기 위해, 이를 어그러뜨리려는 시간여행자를 죽음으로 내몬단다. 그걸 우리 집안에서는 〈소리 없는 죽음〉이라고 부르지. 그리고 아무도 모르게 역사는 제자리를 찾아간단다.

지금의 미래가 존재하기 위해서.'

나는 마음속으로 떠오르는 부정적인 생각을 지워버리기 위해 고개를 가로저었다. 이곳으로 저 녀석을 보낸 건 우리 아빠. 그러나 아빠는 저 녀석이 죽어야 할 녀석이었다면, 불에 타서 죽든, 왜적과 싸우다 죽든 동정심으로라도 이 녀석을 구하려고 하지 않았을 것이다. 왜냐하면 그것은 곧 아빠의 죽음을 의미할 테니까.

무엇보다도 아무런 연관도 없는 이 녀석을 아빠가 구했을 리가 없다. 난 그렇게 생각했다. 그렇게 믿고 싶었다. 어찌되었든 지금은 아빠가 어떤 상태인지를 아는 것이 중요했다. 이 시간까지 돌아오지 않는다는 건, 분명 아빠에게 어떤 일이 생긴 것이 분명하니까.

(중략)

그나저나 광해군은 7년이나 지났는데 나를 기억하고 있을까?

"더 궁금한 것은 없소?"

정원군이 내게 물었다.

"나에 대한 이야기를요, 정말……, 그에게 들었나요?"

"'그분'께 들었소."

'그분'을 강조하는 그의 말투에 신경이 조금 거슬리기 시작했다. 그것도 그럴 것이, 7년 뒤라는 것이 아직 실감나지 않는 상태에서 광해군은 그저 나와 동갑이던 모습만

남아 있기 때문이다. 하지만 지금이 7년 전이라서 그가 나와 동갑이라고 하더라도, 그는 세자다. 지금도 세자이고, 그때도 세자이고. 이 조선시대에서는 누구라도 함부로 입에 올릴 수 있는 사람은 아니겠지.

- 「광해의 연인」 중

 주인공 경민이 가지고 있는 타임슬립 능력은 현대인과 과거 역사 속 인물의 만남을 주선하는 능력으로 작용한다. 그러나 문화적 격차로 인해 우왕좌왕하는 현대인이 등장할 거라는 독자들의 기대를 상당 부분 배제하고 있으며, 이를 뒷받침하기 위한 치밀한 설정 자체가 오히려 새로운 재미를 준다. 또한 아무리 타임슬립 능력을 가진 경민이라도 이미 벌어진 역사를 바꿀 수 없음을 여러 번 전제함으로써 예견 가능한 사건을 암시하는 한편 거스를 수 없는 운명이란 메시지에도 힘을 보탠다. 덕분에 시대를 넘나들어 재회하고, 상대적인 시간차 속에서 만나는 남녀를 그리는 등 다양한 상황 앞에 놓인 남녀 간의 감정선이 색다른 극적 효과를 발휘한다.

 '화초서생, 아니…… 세자 저하. 흐르는 것이 세월이고, 세월의 물결 속에 사랑의 기억조차도 흘러가버린다고 하셨습니까? 하지만 틀리셨습니다. 세월이 흘러도 사랑의

기억은 절대 변하지 않습니다. 추억은… 영혼에 각인되는 법이니까요.'

(중략)

"홍운탁월이라는 말 들어보셨습니까? 진정으로 아름다운 달빛이란 달 스스로 빛나는 것이 아니라 구름이 그려내는 달빛이라 하였지요.

(중략)

저하를 빛내드릴 수 있는 구름이 되렵니다. 지친 저하를 포근히 감싸 안을 수 있는 그런 구름이 되고 싶습니다. 언제까지고……."

- 「구르미 그린 달빛」 중

『구르미 그린 달빛』(윤이수 작)은 『광해의 연인』과 마찬가지로 조선시대를 배경으로 한 역사 로맨스다. 보다 구체적으로는 궁중 로맨스로 불릴 만하다. 내관이 되어 궁중에 들어간 남장 여인 홍라온과 세자 이영의 사랑이 이루어지는 장소가 궁궐이기에 궁중 내 세력 다툼이나 음모 등이 자연히 극의 또 다른 중심을 이룬다. 물론 이야기의 중심은 온전히 로맨스가 차지한다. 서로의 진짜 정체를 모르는 가운데 처음엔 벗으로서 얽히게 된 라온과 영의 관계가 여러 사건을 통해 차츰 발전하고, 궁 안의 법칙과 여러 세력들에 의해 다시금 거리를 벌릴 수밖에 없는 상황이 작품 내내 애틋

함을 자아낸다. 이 작품은 KBS에서 박보검, 김유정 주연의 드라마로도 제작되어 평균 20퍼센트에 달하는 높은 시청률을 기록했다.

"어제도 떡을 먹고 있었나보군."
"네?"
"내 전화를 떡 씹듯이 씹어 먹은 걸 보니 말이야."

생각지도 못한 강훈이었다. 사래가 들려 컥컥거리느라 눈물을 쏙 뺀 후였다. 그렇기에 뿌연 시야에 잡힌 그는 평소보다 더 진한 색기를 뿜어내고 있었다. 그 입술이 마치 활짝 만개한 붉은 장미꽃을 연상케 했다.

(…)

친하지도 않은 그의 앞에서 왜 감정이 드러나는지 이유를 알 수 없다.

윤서는 찔끔 새어 나오는 눈물을 찍어내며 애써 스스로를 진정시켰다. 그녀가 눈물을 훔치기를 묵묵히 기다리던 강훈은 느릿하게 말을 이었다.

"나도 그날, 가망이 없었지."
"네?"
"밤은 깊었고, 출혈도 있었으며, 거기다 비도 내렸지."
"……."
"간신히 몸을 숨긴 전봇대의 전구마저 깜빡거려서 구

출될 가능성은 제로에 가까웠다고 할 수 있어."

그의 눈망울은 한 치의 흔들림도 없었다. 윤서는 강훈의 말이 이어질 때마다 심장 박동이 급격히 커지는 것을 느꼈다.

"가망이 없다는 걸 체념했던 내 앞에 나타나 날 살린 게 당신이야."

"……."

"그러니까 너무 자책하지 마."

무표정한 얼굴과 담담한 어투에서 흘러나온 따뜻한 위로의 여파는 컸다.

윤서는 간신히 억눌렀던 감정이 다시 봇물 터지듯 터져 나오는 것을 느끼며 젓가락을 손에 들고 눈물을 쏟았다.

찔끔찔끔 비집고 나오던 것들은 이제 굵은 방울을 만들어 주르륵 흘러내리고 있었다.

입안의 내용물을 삼키며 눈물까지 같이 삼켰건만, 그의 말 한마디에 무장해제되고 만 것이었다.

-『고결한 그대』 중

『고결한 그대』(고결 작)는 『광해의 연인』이나 『구르미 그린 달빛』과는 전혀 다른 스타일의 로맨스 웹소설이다. 재벌집 도련님과 평범한 수의사라는 다소 도식적인 구도를 보여주지만, 정반대 성격의 남녀 주인공이 티격태격하면서 정이

들고 마침내 사랑으로 안착하는 스크루볼 코미디물로 정면 승부해 네이버 웹소설 역대 조회수 1위를 기록했다. 2015년에는 웹드라마로도 제작되면서 작품 특유의 과장된 설정이 오히려 발 빠른 전개와 밝고 명랑한 기운으로 넘실대는 새로운 스타일로 전치될 수 있음을 재확인시켰다.

이밖에 『브리짓 존스의 일기』, 〈섹스 앤드 더 시티〉와 같은 '칙릿'Chick Lit, chick+literature, 『트와일라잇』 시리즈처럼 판타지적 존재가 등장하는 '패러노멀Paranormal 로맨스', 남자 동성 커플의 사랑을 다룬 'BL물' 등 로맨스물의 범주는 실로 광대하다. 끝내 진실한 사랑이 승리한다는 뻔한 여정 안에서도 로맨스의 진폭은 여전히 무한대에 가깝다.

무협

무협지의 핵심은 장르를 지칭하는 이름 그대로 '무武'와 '협俠'이다. '무'가 소재라면, '협'은 무협 장르를 아우르는 주제다. 태극권과 영춘권 등 실재하는 무술은 물론 갖가지 초자연적인 무술과 무공을 말하는 '무'는 강호江湖 혹은 무림武林이라 불리는 세계에 서양의 판타지와는 전혀 다른 독특한 색깔의 공간을 만들어냄으로써 일련의 체계를 부여했다. '무'가 무협 장르를 이루는 체계라면, '협'은 무협 세계를 구성하는 법칙이자 서사의 동인이다. 정의와 용기 이외에도 다양한 의미를 아우르는 '협'은 각양각색의 의미로 파생되며 각 작품의 주제를 대변하기도 한다.

예를 들어 협은 단순한 호연지기이기도 하며, 널리 인간을 이롭게 하려는 의협심이기도 하다. 불의에 맞서는 파악破惡이나 축사逐邪 역시 '협'의 중요한 주제 중 하나다. 때때로 개인의 복수가 협으로 대변되면서, 각자 다른 가치의 '협'을 앞세운 등장인물들끼리 서로 대립하기도 한다. 이는 대의를 거스르는 개인의 사소한 은원으로 치부돼 보다 넓은 의미의 '협'과 맞물려 갈등을 야기하기 일쑤다. 이밖에 동료에 대한 신의나 정인에 대한 사랑 역시 '협'의 큰 틀 안에 머문다. 이를테면 나관중의 『삼국지연의』는 '무'를 소재로, 한나라와 군주, 백성에 대한 충의忠義, 즉 '협'을 주제로 삼은, 세계에서 가장 유명한 무협지라고 할 수 있다.

이렇게 이야기하니 '협'의 의미가 상당히 모호해 보이기도 한다. 그만큼 무협 장르의 이야기가 다양하게 변주됐다는 의미이기도 할 것이다. 그럼에도 좋은 작품은 늘 익숙한 듯 새로운 것을 담아내기 마련이다. 독자들이 익숙한 장르적 재미를 좇는 동시에 좀 더 새로운 것을 원하는 모순이야말로 결국 '무'와 '협'의 하모니가 지금까지 계속 다양한 모습으로 변주되는 이유이기도 하니 말이다.

무협소설의 원류를 찾자면 까마득하게 오래전으로 거슬러 올라가야 한다(사마천의 『사기』에 등장하는 '자객열전'이 무협의 시초라는 견해가 지배적이다). 전기소설이라고 한다면 명나라 때 나온 『봉신연의』를 이야기하기도 한다. 이후 무와 협을 다룬 수많은 소설이 등장했는데, 지금 무협소설에 관심이 있다면 가장 먼저 참고 대상으로 삼아야 할 작가는 비록 신작을 발표하고 있지는 않지만 현존 작가인 무협소설가 진륭金庸(1924~)일 것이다. 영웅문 3부작으로 불리는 『사조영웅전』, 『신조협려』, 『의천도룡기』를 비롯해 『소오강호』, 『녹정기』, 『천룡팔부』와 같은 대표작은 영화와 드라마로 수차례 제작되며 시대를 넘어선 작품이 되었고, 끊임없이 새로운 세대에게 계승되고 있다. 『천룡팔부』는 『아Q정전』을 대신해 중국 중학교 교과서에 수록되기도 했다. 진륭은 한때 사회주의 국가인 중국에서 금서禁書 취급을 받던 무협소설의 한계를 뛰어넘은, 명실상부 현대 무협소설의 원류로 평가받는 작가다.

진륭의 작품 대부분은 실제 중국의 역사적인 시대를 배경으로 한다. 영웅문 3부작만 하더라도 송나라에서 원과 명을 거친 왕조 교체기를 무대로 하고 있다. 때때로 시대가 모호한 과거 언젠가의 중국을 가정하는 데 만족했던 여타 무협물과는 달리 익히 알고 있는 역사적 사건이나 작가의 상상력으로 입체화된 역사 속 실제 인물들이 작품에 개입해 보다 재미를 주는 것은 당연하다.

그는 음악이나 시조 혹은 바둑과 같은 분야에도 조예가 깊어 이를 작품에 적용하는 경우가 많다. 무협소설가이자 한편으로는 정치평론가이기도 한 진룽은 자신의 특기와 관심 분야를 그대로 살려 무협 장르에 적용함으로써 한낱 패관문학 정도로 치부되던 무협소설을 전 세계 수십억 명의 독자들이 즐기는 장르로 바꾸어놓았다. 진룽의 소설을 읽으면 정파와 사파의 구분에 대해 의심할 것이고, 소수민족의 역사에 대해 다시 생각하게 될 것이다. 영웅과 악당의 거리가 거의 없다는 사실도 알게 되고, 무공이라는 것이 때로는 허황되거나 현실에서 무용한 판타지라는 것도 깨닫게 된다. 아마 현존하는 무협소설 작가 중 진룽의 영향을 받지 않은 작가는 거의 없을 것이다.

진룽 이후에도 현대 무협소설은 계속해서 변화하고 있다. 기존 정파와 사파로 명확히 구획됐던 무림 세계의 질서를 뒤섞어 선악의 개념을 점차 모호하게 만드는 것은 가장 뚜렷한 조류로 일컬을 만하다. 예컨대 과거 사파나 마교, 새외무림塞外武林 측 인물이 악의 축을 이루었다면, 최근에는 겉으로는 정의나 세력 간 균형을 가장하면서 속으로는 다른 뜻을 품고 있는 정파 측 인물이 대립각을 이루는 등 여타 장르물의 흐름과 마찬가지로 일면 간악한 시대상이 좀 더 부각되는 추세다. 주인공의 성격 역시 정의롭다거나 선한 것이 아니라 이기적이거나 사악하기도 하며 선과 악을 쉽게 가늠하기 어려운 경우도 있다.

또한 주인공의 무공을 다각화하기 위해 문파를 가리지

않고 다양한 무공을 습득하는 등 전통 방식을 넘어 보다 파격적인 설정을 선보이기도 한다. 대표적인 작품으로 네이버 웹소설에 연재된 『수라왕』(이대성 작)을 들 수 있다. 『수라왕』은 특이하게도 산법算法의 천재를 주인공으로 내세운다. 당시 돈 계산을 위한 학문 정도로 폄하되던 산법을 삼라만상의 구조를 이해하는 통찰력의 근원으로 변모시키고, 나아가 자연의 구조를 인위적으로 바꿔 적을 제압하는 진법陣法으로 확장함으로써 기존 무협 장르에선 흔히 볼 수 없던 전개를 선보였다.

> 구주십오객九州十五客.
>
> 당금 강호에 군림하고 있는 삼황오제칠군.
>
> 사람들은 열다섯 명의 초인들을 일컬어 구주십오객이라 부르며 칭송했다.
>
> 구주십오객, 이들은 제각기 자신들만의 방식으로 인간의 한계라 불리는 경지인 조화경에 도달한 초인들로서 웬만한 문파 한 곳 수준의 무력을 지니고 있었고, 그들의 행보 하나하나에 온 천하가 들썩였다.
>
> 구주십오객들 중에서도 가장 상위에 올라 있으며 다른 초인들과는 그 격이 다르다고 알려진 인물들.
>
> 즉, 삼황의 3인.
>
> 그들은 각기 정正, 사邪, 마魔를 대표하는 인물들이었다.

(중략)

먼저, 호사가들이 평가하기에 가장 고수로 여겨지는 인물.

정파의 오연히 떠 있는 태양이자 검의 본산이라 불리는 무당파가 낳은 이 시대 최강의 검객.

태극검황太極劍皇 백무량伯武兩.

서른 살의 나이에 강호에 등장하자마자 화경의 무학을 세상에 보여 주며 화려하게 자신의 존재를 강호에 각인시킨 절대고수다. 강호에 등장한 이후 무려 사십 년 동안 적수를 찾지 못했고, 현재는 정파의 연합이자 강호의 평화를 위해 존재한다는 정도맹正道盟의 맹주였다.

(중략)

초류향은 지금 힘을 조절해 가며 고도의 집중력을 발휘해 바닥에 제일 처음 한 줄기의 선을 그렸다. 초류향은 선의 굵기까지 세심하게 조절하여 할 수 있는 만큼 최대한 균일하게 그 깊이를 맞췄다. 그렇게 완성된 선은 기껏해야 어린아이 하나가 누우면 딱 길이가 맞을 정도의 선이었다.

그것 하나를 긋는 데 무려 일다경(15분)이 소모되었다.

"후우……."

그런데 진짜 문제는 지금부터였다.

초류향은 천천히 숨을 고르며 심혈을 기울여 처음의 선과 평행되는 또 하나의 선을 바닥에 그렸다. 그리고 둘의 대칭을 몇 번이고 확인해 가며 완벽에 가깝게 맞추었다. 그 작업을 시작으로 초류향은 총 여덟 개의 선을 바닥에 그렸다.

(중략)

수식에 적혀 있는 대로라면 이 원이 완성되는 순간 진법이 발동된다. 그리고 한번 발동된 진법은 천하에 다시 없을 장사라도 한번 갇히면 뚫을 수 없을 만큼 견고하고 단단했다.

허나 완전히 믿을 수 없었다.

현실에서 고작 선 몇 개 그어놓는다고 해서 그런 초자연적인 일이 일어날 것이라고는 도저히 생각되지 않았던 것이다.

불신과 믿음.

두 개의 상반된 감정 사이에서 초류향은 갈등하고 있었다.

평소부터 스스로를 지극히 합리적이고 이성적이라 생각해 왔던 초류향이었기에 이런 모순적인 갈등은 너무도 생소했던 것이다.

(중략)

마음 속에서 의심이 서서히 고개를 쳐들기 시작했다.

정말 저 안에서 수식에 적혀 있던 비현실적이고 초자연적인 현상이 일어나고 있는 것일까?

수식대로라면 저 안에 들어가는 순간, 단순한 압력뿐만이 아니라 광폭한 태풍과 천둥번개를 동반한 비바람이 몰아치는 환상이 쉼 없이 보일 것이다. 그리고 그 환상은 시간이 지날수록 심해지다가 결국 실체가 되어 안에 들어간 사람을 죽이게 될 것이다.

- 「수라왕」 중

얼핏 무공과는 거의 무관해 보이는 초반부지만 그럼에도 독자의 이목을 끄는 데는 성공했다. 과거 촉의 승상이었던 제갈공명과의 불가사의한 만남을 더하고, 현 무림을 구성하는 세력과 정점을 이루는 고수들의 위상과 층위를 체계화함으로써 독자적인 무협 세계를 구축하는 데도 심혈을 기울였기 때문이다. 여기에 훗날 '수라왕'으로 불리게 되는 산법의 천재 초류향의 미래를 계속해서 직조함으로써 무협 장르로서는 상당히 낯선 색다른 측면들이 오히려 무협 마니아가 아닌 일반 독자에게 부담 없이 다가갈 수 있는 토대로 작용했다.

마찬가지로 네이버 웹소설에 연재된 『낙향문사전』(언라이팅 최현우 작)은 무사가 아니라 문사文士를 주인공으로 내세운 무협 작품이다. 무협 작품에 글쟁이 주인공이 처음 등장한 것은 아니지만 과거에 낙방한 서생 손빈이 절대 고수 사자혁과 동행하면서 서서히 자신의 재능을 깨닫고 무공을 익히는 과정이 상당히 흥미롭게 그려진다. 예를 들어 과거 시험의 문장 형식이 엄격히 정해져 있는 탓에 문장의 의미보다는 형식과 모양만 따지게 되어버린 당대 글쓰기의 현실을 무공의 오의와 연결지으며 이를 자연스럽게 확장해가는 면이 그렇다.

"과거 시험에 사용하는 문장 형식이오. 격률이 엄격하게 정해져 있어서 조금이라도 틀리면 바로 낙방이오. 덕분에 문장의 의미보다는 형식과 모양만 따지게 되어버렸지만."

"무공에도 그런 경우가 있지."

사자혁이 말했다.

"그러나 나는 오히려 엄격한 것을 좋아한다. 무공을 익힘에 있어 기초가 튼튼하지 않은 것은 허망하게 되고, 작은 것의 중요성을 무시하는 건 결국 근본적인 이해에 이르는 것을 막기 마련이니까."

(중략)

슥슥.

먹을 가는 일 또한 아무렇게나 하는 것이 아니다. '먹을 갈 때는 병자처럼, 붓을 들 때면 장사처럼'이라는 말이 있다. 절대 힘을 주지 말고 자연스러운 자세로, 원을 그리며 천천히 끈기 있게, 팔 전체를 움직여야 제대로 된 먹을 얻을 수 있다.

　손빈은 자세를 바로 하고 마음의 잡념을 흘려 없애듯이 천천히 팔을 움직였다. 그의 움직임과 함께 투명한 물이 점차 윤기가 흐르는 짙은 검은색 먹으로 변한다.

　다시 조금 물을 붓고 먹을 가는 단조로운 움직임을 반복하자니 자신도 모르게 사자혁의 말이 떠올랐다.

　'깊게, 천천히, 그러나 끊임없이, 마치 흐름을 타듯······'

　손빈은 무심코 속으로 사자혁의 말을 되뇌었다. 얼마나 그렇게 했을까? 문득 깨닫고 보니 벼루에 먹을 갈 때 느껴지는 특유의 서걱거리는 느낌이 유난히 묵직하다.

　'현천의 요결이라는 게, 먹 가는 데 쓰는 거였나 보군.'

　피식.

　스스로 생각하고도 손빈은 어이가 없어서 웃음을 흘렸다. 그럴 리가 없다.

— 『낙향문사전』 중

　여느 웹소설과는 달리 장난기를 쏙 걷어낸 묵직한 문체로 극의 진중함을 더하는 동시에 기존 무협지에서 늘 쓰이던 어려운 한자성어를 한 번 더 풀어내어 독자들과의 거리감을 줄이려는 노력 또한 눈여겨볼 만하다. 특유의 굵직한 개성과 더불어 독자에 대한 세세한 배려가 결코 튀지 않게 맞물리고 있는 것이다. 가령 '일기일회—期—會'를 인물의 대사로 사용한 다음 지문으로 "평생에 단 한 번 만난다는 뜻이다. 사람의 만남을 소중히 하라는 뜻이니 첫 만남의 중요성을 표현하기에 어울리는 단어다"라며 자연스럽게 뜻을 부연하는 식이다. 여기에 캐릭터들이 등장할 때마다 나름의 존재감을 과시하는 정통 무협의 힘이 이 작품의 최대 강점으로 작용한다.

반대로 정통 무협소설의 문장 스타일과는 부러 거리를 둔 소설도 있다. 『천하제일』(장영훈 작)은 평소 무협을 읽지 않는 라이트 유저들을 사로잡은 작품으로 네이버 웹소설 무협 장르 부문에서 오랫동안 1위를 지킨 작품이다. 기본적으로 로맨스 요소를 가미한 무협소설로 문체나 전개 또한 상당히 유머러스한 면면이 돋보인다.

나는 감정이 격해지면 다른 사람의 과거를 볼 수 있다. 다 보이는 것은 아닌데 작은 자극에도 그것이 보이는 상대가 있고, 크게 분노해도 아무것도 보이지 않을 때도 있었다.

물론 이 재능은 아무에게도 말하지 않았다. 온갖 음모가 판치는 이 위험천만한 도산검림刀山劍林에서 과거를 보는 재능을 지녔다? 만약 그것이 강호에 알려지면 감춰야 할 과거를 지닌 자들이 매일같이 자객을 보낼 것이다. 뭐, 몸값은 엄청나게 오르겠군.

(중략)

왜소한 체구의 그는 일반 무인들보다 훨씬 강한 살기를 내뿜고 있었다.

살기 속에 독특한 기운이 섞여 있었다. 그것은 음울하고 날카로웠다. 색으로 따지면 붉은색이고, 맛으로 따지면 시큼한 맛이 난다고 할까? 그리고 설수린은 이 강호에서 어떤 사람들이 그런 기운을 풍겨내는지 정확히 알고 있었다.

살수!

자객이라고도 불리는 그들은 돈을 받고 사람을 죽이는 잔혹한 자들이었다. 설수린은 긴장했다. 그가 살수라서 긴장한 것이 아니라, 살수가 당당히 모습을 드러내서 긴장했다.

언제나 살수들은 숨어서 기회를 노린다. 청부대상이 잠이 들 때나, 뒷간에 가기를, 혹은 갈증이 나서 물 한 모금 얻어먹을 그 순간을. 이렇듯 살수는 기습에 특화된 이들이다.

— 『천하제일』 중

특히 1인칭 시점의 독백은 상당 부분 현대어와 맞닿고 있다. 무협소설의 색채를 잃지 않으면서 익숙한 현대어를 사용하는 부분이 웹소설 형식에 절묘하게 어울린다. 또한 "겁

나게 예뻤다" 같은 구어체를 거침없이 사용하는 것은 물론 상당수 장면에 인물 간 만담이나 콩트 식의 구성을 배치해 곳곳에서 이완을 노리는 작풍이 가볍고도 톡톡 튀는 참신한 무협소설의 면면을 대변한다.

무협소설은 설정이 가장 전형적이기에 완전히 새로운 형식으로 나오는 경우는 많지 않다. 무공이 뛰어난 고수가 현대에 모습을 숨기고 보통 사람으로 살아간다거나 조금 더 구체적인 역사에 무협지적인 인물을 끼워 넣는 정도다. 하지만 판타지의 경우가 그렇듯, 무협지도 더욱 다양한 변형이 요구되는 장르다. 판타지의 핵심 요소가 현실과 다른 세계와 초자연적인 존재라면 무협에서는 무공과 기예가 중심이 된다. 사파와 정파는 현실 세계에서 별다른 의미가 없다. 무공을 배우는 곳도 소림사나 무당이 아니라 정보기관이나 학교일 수도 있다. 뛰어난 무공을 익히고 겨루는 사람들이 얽혀들면서 벌어지는 이야기도 무협이라고 할 수 있다.

흔히 퓨전 판타지로 불리는, 현대 세계를 배경으로 무협을 펼치는 이야기도 더욱 다양해질 필요가 있다. 일본의 소년 만화에서 가장 인기가 있는 배틀물도 어떤 점에서 보면 무협지의 변형이라고 볼 수 있다. 새로운 기술과 필살기를 익히고, 내공을 다지기 위해 특별한 훈련을 하고, 점점 더 강한 적을 맞아 새로운 승부를 하는 과정은 무협지에서 익히 보아온 장면들이다. 일본의 배틀물도 『드래곤볼』에서 『원피스』와 『나루토』, 『블리치』만이 아니라 수많은 유형으로 확장되는 것처럼 무협도 더욱 다양한 설정과 상황이 가능하다.

한국 만화에서도 현대를 배경으로 한 무협물이 다양한 형태로 모습을 드러내고 있다. 『무림수사대』(이충호 글·그림)나 『애프터눈 히어로즈』(구자윤 글·그림) 같은 만화의 경우 현대 한국을 배경으로 각각 형사나 학생을 무협물의 주인공으로 내세워 새로운 그림을 그려내고 있다. 특히 『무림수사대』는 무림인들이 현대 세계에 암약하는 것이 아니라 무림 세계가 그대로 현대로 이어진 독특한 세계관을 내세움으로써 기존의 능력자 배틀물과는 차별화된 무협 장르만의 특성을 잘 보여준다. 또한 동양 판타지라는 말처럼 서양 무협지라는 것 역시 가능할 수 있을 것이다.

무협 장르도 현대적으로 변화하면서 젊은 독자에게 더욱 가까워질 필요가 있다. 무협은 30대 중반 이후의 독자들에게는 익숙하지만 20대는 물론 10대에게는 대단히 낯선 장르다. 처음 접하는 독자에게는 설정이 복잡하기에 진입 장벽이 있기도 하고, 익숙해지기에는 어느 정도 작품을 읽어야만 가능하다. 그렇기에 10대와 20대가 쉽게 접근할 수 있는 설정으로 무협의 요소들을 보여주는 작품이 필요하다. 무협이 아닌 것 같으면서도 결국은 무협으로 읽힐 수 있는 작품이랄까. 독자에게 친숙한 설정을 이용하여 무협의 세계를 펼치고, 그렇게 익숙해진 독자가 작가로 성장하여 다시 무협을 이용한 소설을 쓰는 순환이 이루어져야 한다.

판타지

사전에서 설명하는 판타지 소설은 다음과 같다. "우리의 경험 현실과는 다른 시공간에서 초자연적 존재들에 의해 펼쳐지는 초자연적 사건을 다루는 일종의 가상 소설." 다시 말해 판타지란 작가가 만들어낸 허구의 세계를 배경으로 각종 공상의 산물과 그에 따른 새로운 상식이 지배하는 장르를 말한다. 마법이나 초능력, 신神이나 영혼 같은 초자연적 요소들이 판타지의 구성 요소라면, 현실에 존재하지 않는 유무형의 소재가 아무런 이물감 없이 이식된 세계는 판타지의 외연을 이룬다.

사실 인류에게 판타지는 결코 낯선 장르가 아니다. 동서고금을 통틀어 각 문화권마다 존재하는 신화나 민담, 전설은 오래전부터 판타지 문학의 얼개를 이루었다. 우리만 해도 멀리에는 단군신화가, 비교적 가까이에는 『홍길동전』이나 『전우치전』 같은 전기소설 등이 존재한다. SF가 가능성에 기초한 문학이라면 판타지는 처음부터 불가능을 전제로 한 철저한 공상의 문학일지 모른다. 그러나 동시에 인류 공통의 상상력에 기반을 둔, 인간의 원형archetype을 반영한 문학이기도 하다.

현대 판타지 문학은 '판타지의 아버지'라 일컬어지는

J.R.R. 톨킨의 『반지의 제왕』부터 본격화됐다. 톨킨은 잃어버린 영국의 신화를 대체할 만한 새로운 신화를 만들어내기 위해 유럽이나 아랍 문화권에 퍼져 있는 민담과 전설을 그러모아 새로운 세계, 새로운 신화를 창조하려 했다. 그리고 전설로 구전되던 괴물과 요정, 이종족인 엘프, 드워프, 오크, 트롤, 오우거, 호빗 등을 실체화해 숨을 불어넣고, 현실 세계와는 전혀 다른 공간에 새로운 법칙과 체계를 부여함으로써 완벽한 공상의 세계를 만들어내는 데 성공했다.

그렇다고 톨킨의 가상 세계가 단순히 공상의 영역에만 머문 것은 아니었다. 톨킨은 판타지를 "현실의 극한적 왜곡"이라 일컬었는데 그 말대로 그는 자신이 구축한 존재하지 않는 가공 세계에 현실의 문제를 직접 투영했다. 각종 공상의 산물로 이뤄낸 톨킨의 엔터테인먼트 안에는 인간이라면 누구나 공감할 만한 문제의식이 굳건히 자리하고 있다. 절대악인 사우론이 중간계를 장악하기 위한 음모를 펼치는 과정에서 그를 막을 수 있는 유일한 방법은 절대반지를 파괴하는 것이다. 그 임무는 인간도, 엘프도, 드워프도 아닌 중간계에서 가장 약하고 놀기 좋아하는 호빗에게 맡겨진다. 가장 약한 존재가 세계의 운명을 걸머지고 있는 것이다.

이러한 설정은 제1차 세계대전을 겪으면서 인간의 잔인함과 악을 목도한 후에, 기독교적인 세계관으로 희망을 발견하려는 톨킨의 생각에서 비롯됐다. 『반지의 제왕』의 가상 세계는 현실의 갖가지 문제와 상황을 나름의 거울을 통해 반영하고 있다. 얼핏 현실에서는 결코 존재할 수 없는 문제를 다루는 듯 보이지만 작품 안에서 통용되는 법칙이나 관습, 상식, 철학을 명확히 구축함으로써 현실을 비추는 것이다.

만약 이러한 현실성이 아예 배제됐다면 판타지 장르는 허황된 이야기에 불과했을 것이다. 이는 여전히 판타지가 현실도피로 읽힐 가능성을 배제할 수 없는 이유이기도 하다. 그러나 환상 세계 안에서도 보편적인 인물이 등장하고 그들은 독자가 충분히 공감할 만한 구체적이고 사실적인 갈등을 겪는다. 비록 환상 세계라고는 하지만 현실을 투영하는 것이 충분히 가능하다는 이야기다. 그것도 판타지 장르만이 할 수 있는 특별하고도 새로운 방식으로.

최근 판타지의 경계는 점점 더 모호해지는 추세다. 톨킨처럼 완전무결한 이세계를 설계하는 정통 판타지 문학이 주춤한 가운데 현대 도시에 초자연적 설정과 존재를 가미한 어반판타지, 『이상한 나라의 앨리스』와 『오즈의 마법사』를 연상시키는 이세계 소환물 등 새로운 설정과 인물이 등장하며 판타지의 외연을 무한히 확장 중이다. 게다가 SF와 판타지, 호러 등의 경계마저 흐릿해지면서 현재는 장르를 구획 짓는 것조차 무의미할 지경에 이르렀다. 이에 서양에서는 아예 SF와 판타지, 공포 장르 등을 뭉뚱그려 'Speculative

Fiction', 즉 '사변소설'이라 부르기도 한다. 장르소설에 환상 요소가 보편화되고 있다는 방증이다.

특히 판타지의 경우 판타지 만화의 명작을 살피는 것은 큰 도움이 된다. 캐릭터의 움직임이나 의상, 배경 등을 시각적으로 형상화하는 것이 가능한 만화의 경우 독자적인 세계관을 구축하는 것이 용이할 뿐 아니라 실제로도 훨씬 다양한 작품들이 존재하기 때문이다. 『베르세르크』(미우라 켄타로 글·그림), 『클레이모어』(야기 노리히로 글·그림) 같은 중세시대를 연상케 하는 어두운 세계관에 검과 마물에 초점을 맞춘 다크판타지가 있는가 하면, 고대 중국과 SF를 오가는 『봉신연의』(후지사키 류 글·그림)는 약하고 비열한 주인공을 통해 개그적 요소를 부각해 높은 인기를 누렸다. 『강철의 연금술사』(아라카와 히로무 글·그림)처럼 스팀펑크 세계관에 기초해 진득하게 인류의 위기와 소년의 성장을 엮어낸 걸작도 있다.

일본에서 '이 만화가 대단하다 2016' 남성 부문 1위를 차지한 『던전밥』(구이 료코 글·그림)은 고전 RPG를 연상시키는 시공간을 배경으로 던전 안에서의 식생활이라는 새로운 아이디어를 내세우기도 했다. 던전 안에 서식하는 거대 전갈이나 걸어다니는 버섯 등을 식재료로 활용해 요리 만화의 클리셰와 연관시키는 부분은 판타지 세계에 기초한 특별한 질감의 개그를 맛볼 수 있다. 이밖에 『왓치맨』(앨런 무어 글,

데이브 기본스 그림), 『엄브렐러 아카데미』(제라드 웨이 글, 가브리엘 바 그림) 같은 그래픽노블은 익숙한 기존 히어로물을 변형, 왜곡한 판타지 작품이며, 『공작왕』(오기노 마코토 글·그림), 『3×3 EYES』(다카다 유조 글·그림)는 동양 요괴와 신화에 초점을 맞춘 퇴마·요괴 판타지의 명작으로 남아 있다.

> 잔뜩 풀 죽은 지스를 느꼈는지, 하이페리온이 어깨를 다독여주었다. 하이페리온은 이래저래 지스가 안타까울 뿐이었다.
> 품에 안긴 지스의 등을 토닥거려주는 하이페리온을 보며 레인은 이곳에 오며 했던 생각을 잠시 떠올렸다.
> '하이페리온…… 게른에게 조금이라도 호감을 보여준다면 좋을 텐데.'
> 레인이 게른과 하이페리온의 사이를 신경 쓰는 것은 절친한 친구의 연애 문제이기 때문만은 아니었다.
> 정식으로 소드 마스터로 인정받은 하이페리온은 인재였다. 여자라는 것도, 눈이 보이지 않는다는 것도 떠나 소드 마스터라는 것만 해도 충분히 기용할 가치가 있었다.
>
> ―『황태자의 애완 고양이』 중

네이버 웹소설 '판타지' 카테고리에서도 최근 판타지 장르의 흐름을 감지할 수 있다. 이세계를 무대로 검과 마법을 앞세운 모험담을 그린 정통 판타지는 상대적으로 드문 편이다. 그보다는 갖가지 판타지 요소를 활용해 저마다의 독창적인 환상 세계를 구축하는 작품이 훨씬 많다. 대표적인 작품으로 『황태자의 애완 고양이』(캣츠아이&샤아드 작)를 들 수 있다. '황애고'라는 애칭으로도 불리는 이 작품은 판타지 세계를 배경으로 다양한 모험을 펼쳐내는 전형적인 판타지 작품의 얼개를 구축해가면서도 오히려 작품의 중심은 로맨스로 수렴되는 모양새다. 황태자 카인이 생일선물로 받은 새끼 고양이 지스와의 일상과 모험을 다루는 초반부와, 사실은 묘인족 공주였던 지스의 이야기를 다루는 후반부 모두 판타지 세계의 특별함을 강조하는 동시에 두 주인공의 관계에 온전히 집중하는 형태를 취한다.

또한 게임이나 이능력 배틀물 등의 요소들을 활용해 보다 가볍고 쉽게 흥미를 돋울 만한 요소에 집중하는 방식도 일반적이다. 전에 없던 특별한 소재로 우선 눈길을 끄는 작품이 있는가 하면, 이미 여러 번 사용된 흔한 소재에 전혀 다른 의미를 부여해 새롭게 변주하는 작품도 여럿 보인다.

미스터리

흔히 설명하기 힘든 사건을 가리켜 '미스터리'라 칭한다. 하지만 아무리 괴이한 사건이라도 언제나 해답은 존재하기 마련이다. 더욱이 창작품 안에서는 거의 늘 그렇다. 답을 추리

해나가는 과정에서 얻는 지적 쾌감이나, 살인이나 연쇄살인범 등 위협적인 상황이나 대상과 맞닥뜨리면서 얻는 긴장감이야말로 미스터리 장르의 핵심이기 때문이다.

최초의 추리소설은 에드거 앨런 포의 『모르그가의 살인사건』(1841)으로 알려져 있다. 포는 당시 19세기 미국 작가들과는 달리 새로운 분야를 개척하는 데 전념했던 선구자였다. 시, 소설, 문예 비평 등 다방면의 작품을 집필했던 그는 『모르그가의 살인사건』을 비롯해 『마리 로제 미스터리』(1842), 『황금충』(1843), 『도둑맞은 편지』(1844)와 같은 단편소설을 통해 사건의 실마리를 좇는 과정에 교묘한 트릭을 배치하고 이를 논리적이고 과학적인 단계를 거쳐 해결하는 서사를 선보였다. 포가 단편을 통해 제시했던 이러한 '추리 기법'은 독자를 지적 게임으로 인도하고, 이를 통해 극적 긴장감을 불러일으키며, 결말부 해답편을 통해 카타르시스를 안겨주는 것이었다. 이는 오늘날 추리소설의 맥락과 정확히 일치한다. 포의 소설에서 명철한 논리를 앞세웠던 캐릭터 오귀스트 뒤팽Auguste C. Dupin은 근대 추리소설사상 최초의 명탐정 캐릭터로서 후대 수많은 탐정 캐릭터의 시발점이 되었다.

오늘날 미스터리는 기존의 추리소설 개념 외에 보다 넓은 방향으로 확장됐다. 탐정이 등장해 복잡한 트릭을 풀고 괴이한 사건을 해결하는 기존의 '본격 미스터리소설'만이 아니라, 사회상과 시대적 상황을 반영하고 이에 대한 문제 제기를 통해 보다 현실에 밀착하기 시작한 것이다. 이러한 경향의 미스터리소설을 일본에서는 사회파 미스터리로, 서구에서는 하드보일드나 크라임스릴러로 일컫는다. 특히 비정한 세계관, 고독한 탐정, 팜므파탈 등의 요소를 부각한 하드보일드 소설은 누아르 영화로 계승되면서 미스터리 장르의 단단한 한 축을 담당하는 한편 현대 미스터리 장르의 스타일에도 큰 영향을 끼쳤다. 경찰 기관의 면밀한 내부 구조나 제도적 한계 등을 적극 활용한 경찰소설 또한 미스터리소설로 분류된다. 최근에는 탐정 역을 보다 다양한 직업의 캐릭터들이 분담하는 추세다. 그에 따라 작품의 질감이나 스타일은 훨씬 더 다양해지고 있다.

심지어 아예 탐정 역이 존재하지 않는 작품도 많다. 쉽게 풀리지 않는 복잡한 사건만이 미스터리가 아니라 인간의 뒤틀린 심리나 추악한 본성 자체를 미스터리로 상정한 뒤 이를 파헤치는 방식도 충분히 가능하기 때문이다. 일본에서는 기리노 나쓰오, 누마타 마호카루, 가쿠타 미쓰요, 미나토 가나에, 마리 유키코 등의 여성 작가들이 이 분야 대표 작가로 일컬어진다. 이들의 작품은 일본어로 '싫다'라는 의미의 '이야'와 미스터리의 '미스'가 합쳐진 '이야미스イヤミス' 소설로도 불린다.

반대로 강력 범죄가 아닌 소소한 사건들을 다루는 코지

미스터리cozy mystery도 있다. 코지 미스터리는 그동안 미스터리 소설이 집중하고 있던 강력 범죄 대신 일상에서 흔히 볼 수 있는 상황에 기존 미스터리 형식을 덧댐으로써 상대적으로 가볍고 편안한 방식의 미스터리를 추구한다. 비교적 근작으로는 애니메이션으로도 만들어져 인기를 끈 요네자와 호노부의 『빙과』가 대표적이다.

아직까지 미스터리 장르는 웹소설에서만큼은 다른 장르에 비해 저변이 넓지 않고 그만큼 작품 수가 적기도 하다. 그렇기 때문에 더욱 많은 가능성이 남아 있는 장르이기도 하다. 또한 로맨스와 판타지 등을 쓸 때에도 미스터리 요소를 가미하면 긴장감을 자극하고 호기심을 불러일으키는 좋은 방법이 되기도 한다. 출생의 비밀이나 과거의 트라우마 등은 로맨스에서 가장 흔히 쓰이는 미스터리 요소다. 미스터리의 기법을 잘 익혀두면 어떤 장르에서건 반드시 써먹을 수 있다.

공포

공포는 인간이 느끼는 감정에서 가장 강력한 것 중 하나다. 공포는 긴장과 불안에서 시작해 점차 범위를 확장하고 층위를 높여가며 마침내는 다양한 이상 증세를 불러일으킨다. 현실에서 공포를 느끼는 것은 자연스럽지 못한 현상일 뿐 아니라 결코 맞닥뜨리고 싶지 않은 상황임에 틀림없다. 그러나 공포가 예술 장르로 이식됐을 때는 이야기가 달라진다.

흔히 공포물을 즐기는 사람들의 심리를 현실에서 느끼는 안도감으로 설명하곤 한다. 공포물 안에 도사리는 갖가지 혼란을 지켜보면서 평소에 느끼지 못했던 극단의 감정을 느끼는 한편 현실이 주는 안도감을 새삼 실감하게 된다는 것이다. 게다가 공포 장르 특유의 서스펜스 역시 오직 공포물에서만 느낄 수 있는 것이기도 하다. 공포물은 현실에 존재하지 않는 다양한 혼란 상황을 가정함으로써 늘 극단적인 감정에 다다른다. 그리고 마침내 인간이라는 존재의 숨겨진 면면을 발굴함으로써 독자들에게 평소에는 접할 수 없던 새로운 심상과 쾌감을 전달한다.

모든 공포물은 일상을 전복하는 데서 시작한다. 그로테스크한 존재가 등장하고 평범한 일상을 뒤흔드는 불가해한 사건이 계속되는 가운데 이야기가 전개되는 것이다. 따라서 공포 장르에는 어느 정도 서사 규칙이 존재한다. 괴물이나 살인마와 같은 공포의 존재가 등장하거나, 일련의 괴이한 사건에 의해 기존 체계가 흔들리고, 이로 인한 다양한 방식의 폭력과 악행이 반복되면서 등장인물들을 괴롭히는 것이 모든 공포물의 핵심이다. 자연히 공포 장르는 그 어떤 장르물보다 극단적인 소재를 사용함으로써 가장 극단적인 상황을 마련한다. 예를 들어 피나 시체가 그 어떤 장르보다 흔하게 등장할 뿐 아니라 현실에서는 흔히 볼 수 없는 다양한 정신이상 증세가 뒤따른다. 공포물이 그 어떤 장르보다 극단적인 감정을 불러일으키는 것은 당연하다.

공포 장르는 공포의 대상이나 상황에 따라 여러 종류로 나뉜다. 연쇄살인마가 등장하는 슬래셔물이 있는가 하면, SF 세계를 배경으로 하는 SF호러가 있다. 또 현실에 존재하지 않는 괴물을 등장시키는 작품도 있다. 이밖에 전술한 모든 요소를 차치하고 오로지 인간의 심리에 집중한 작품도 있다. 인간 본연의 죄책감과 불안을 자극하고 인물들 간의 불신을 조장함으로써 평범한 일상 속에 새로운 공포를 이식해내는 것 역시 충분히 가능하다.

공포물의 등장인물들은 의외로 평면적인 인물이 많다. 공포 장르 자체가 사건 중심으로 전개되기 때문이다. 실제로 공포물은 얼마나 독창적인 사건인지, 공포의 주체가 얼마나 새로운지에 이야기가 좌우되는 경우가 많다. 이는 대부분의 공포물이 판타지나 미스터리 장르와는 달리 인물의 성장을 그리는 데 큰 비중을 할애하지 않는 이유이기도 하다.

그러나 반드시 공포라는 감정에만 집중할 필요는 없다. 작품의 완성도나 재미는 공포라는 이질적인 감정을 얼마나 잘 불러일으키느냐에만 좌우되지는 않기 때문이다. 극단적으로는 공포 요소를 온전히 개그 소재로 전치한 작품도 가능하다. 샘 레이미 감독의 〈이블 데드〉는 공포영화의 명작으로 일컬어지는 작품이지만 후속편인 〈이블 데드 2〉와 〈이블 데드 3: 암흑의 군단〉은 전작의 요소를 적극 활용한 코미디물에 가깝다. 샘 레이미는 우리가 조악한 B급 공포영화를 보며 폭소를 터뜨리는 것과 마찬가지로 공포라는 감정과 코미디는 종이 한 장 차이라는 점을 적극 활용했다. 마찬가지로 죽음을 앞둔 절체절명의 상황이나 인체가 훼손되는 장면 등을 기존의 호러 장르 틀로 해석하지 않고 조금 더 복합적으로 접근함으로써 익숙한 서사 안에서도 공포라는 감정 이상의 생경한 느낌을 전달할 수 있다.

공포 장르에서 소설은 영화나 애니메이션, 게임, 만화와 같은 다른 장르에 비해 훨씬 불리하다는 선입견을 가질 수도 있다. 시각적 요소가 완전히 배제됐을 뿐 아니라, 심지어 공포를 가장 부각시키는 청각적인 장치마저도 배제된 장르가 바로 공포소설이기 때문이다. 그나마 웹소설의 경우 일러스트가 어느 정도 시각적인 효과를 뒷받침하긴 하지만 비중이 그리 크진 않다. 그렇기에 소설의 장점은 오히려 이 모든 부분을 온전히 독자의 상상에 맡긴다는 부분에서 찾을 수 있다. 상세한 묘사로 공포의 대상과 상황을 부각하는 것도 가능하지만, 예상치 못한 반전, 도저히 시각적으로는 형상화할 수 없는 소재를 통해 글로써 배가되는 불쾌한 심상 또한 공포소설만이 가진 장점임에 틀림없다.

침입자는 어디에도 보이지 않았다.

이미 소기의 목적을 달성하고 대신 방 안에 가득 밴 스프레이 페인트 냄새가 코를 찔렀다.

방 안은 난장판이었다.

시뻘건 스프레이 페인트가 책상 위며 액자 사진이며 침대에까지 핏자국처럼 마구 흩뿌려진 광경을 보며 나는 그 자리에 얼어붙었다. 선혈이 낭자한 살인사건 현장을 보듯 섬뜩했다.

욕실로 달려가 속엣 것을 몽땅 변기에 게워냈다. 위액까지 토해내고 난 후에야 창틀에서 떨어져 나온 욕실 창문을 발견했다.

침입자는 욕실 창문을 떼고 그 비좁은 틈으로 들어왔다. 놈은 들고 들어온 스프레이 페인트를 내방 전체에 뿌려대며 희희낙락했을 터였다.

'만일 놈이 집 안에 들어와 있을 때 내가 현관문을 열고 들어왔더라면 나는 어떻게 되었을까?'

상상만으로도 살이 떨리고 소름이 돋았다.

괴물들은 이제 내 보금자리에까지 기어들어왔다.

(중략)

다음날, 학교에 가려고 현관문을 열었을 때 문 손잡이에 묵직한 뭔가가 매달려 이리저리 덜렁거렸다.

'뭐지? 우유 끊었는데……. 배달원 아저씨가 실수로 넣

고 갔나?'

처음에는 대수롭지 않게 생각했다.

현관문 손잡이에 매달린 남색 우유주머니가 묵직했다. 그 윤곽이 우유로 보기에는 너무 컸고 모양도 두루뭉술했다. 그러고 보니 바닥에 점점이 떨어진 자국들이 보였다.

피!

눈을 질끈 감고 우유주머니의 입구를 벌렸다. 제발, 제발……. 실눈을 뜨고 안을 들여다보았다.

우유주머니에 든 내용물은 죽은 길고양이의 시신이었다. 이번에는 나도 참지 못하고 비명을 질렀다.

- 「마녀, 소녀」 중

현재 웹소설에서 공포 장르가 차지하는 비중은 크지 않은 편이다. 그렇기 때문에 오히려 기회의 땅일 수 있다. 한국의 대표적인 공포소설가 김종일은 네이버 웹소설에 자신의 장기를 그대로 살린 작품인 『마녀, 소녀』를 연재해 소기의 성과를 올렸다. 이 작품에서 그는 10대 소녀를 주인공으로 내세우고 전체 플롯 역시 어린 독자들도 쉽게 이입 가능한 괴담의 형태를 취함으로써 웹소설에 적합한 형태를 구축하는 데 성공했다. 특히 익숙한 상황을 제시하고 예측 불가능한 단계로 넘어가는 간결한 구성과, 여고생 말씨를 작품에 그대로 반영함으로써 눈높이를 낮춘 점 등이 돋보인다. 어쩌면 공포소설이야말로 '스낵 컬처'를 원하는 요즘 독자들에게 가장 적합한 형식일지 모른다.

라이트 노벨

어느 정도 엔터테인먼트에 익숙한 미스터리와 SF 독자들이라고 해도, 라이트 노벨을 보면 거부감을 가지는 경우가 꽤 있다. '공상'에 가까운 세계관과 설정, 외모부터 비현실적인 캐릭터, 개그와 액션의 연속 등등 애니메이션, 그것도 최근의 일본 애니메이션을 별로 보지 않은 독자라면 한없이 낯설 수밖에 없는 것이 라이트 노벨이다. 그래서 기존 장르문학 독자들은 라이트 노벨을 아예 다른 세계로 치부하는 경우가 많다. 새로운 장르라기보다는, 애니메이션을 차용한 '읽을거리' 정도로 보는 것이다.

하지만 애니메이션과의 유사성만을 본다면, 그것은 라이트 노벨의 최근 경향에만 집중하는 것이다. 일본에서 라이트 노벨의 역사는 30년이 훌쩍 넘어간다. 라이트 노벨의 시작은 1970년대 중반 10대 독자를 타겟으로 하는 문고가 연달아 등장했던 '제3차 문고 붐'이라고 본다. 이후『환마대전』, 다나카 요시키의『은하영웅전설』, 유메마쿠라 바쿠의『마수사냥』, 기쿠치 히데유키의『뱀파이어 헌터 D』등 히트작이 이어지면서 판타지 중심이었던 라이트 노벨은 SF와 오컬트 등 다양한 장르로 세분화되고, 비주얼 면을 특화한 전격 문고의 등장으로 전성기를 맞이한다. 즉 라이트 노벨의 세계는 지금 우리가 알고 있는 것 이상으로 광활하다. 라이트 노벨을 떠올리면 흔히 따라오는 고정된 이미지는 『슬레이어즈』(1989) 이후에 형성된 것이라 볼 수 있다. 라이트 노벨은 단지 애니메이션의 영향을 받아 생긴 것이 아니라 기존 엔터테인먼트 소설의 흐름 속에서 애니메이션으로 대표된 새로운 정서와 감각이 이식되어 발전된 장르라고 해야 할 것이다.

지금 라이트 노벨의 정의를 다시 내려 본다면 말 그대로 '가벼운' 소설이다. 라이트 노벨이 시작된 일본에서 라이트 노벨의 정의를 물어보면 쉽게 알 수 있다, 표지와 삽화에 일러스트가 있다는 답이 가장 많이 나온다. 이 답에 의거하여 라이트 노벨의 정의를 내린다면, 일러스트가 중요한 역할을 하는, 즉 시각적 이미지가 선명한 엔터테인먼트 소설이라고 할 수 있다. 검과 마법류의 판타지, 학원물, SF물, 역사물, 서스펜스, 액션물, 개그와 부조리, 러브코미디, 호러 등 라이트 노벨은 다양한 장르를 포괄한다.

1980년대까지 엔터테인먼트성을 가장 앞세웠던 라이트 노벨은 1990년대 들어 '작품성'을 부각시키기 시작했다. 그리고 일반 문학과 라이트 노벨의 경계도 조금씩 무너졌다. 기리노 나쓰오, 유이카와 케이, 하세 세이슈, 무라야마 유카, 야마모토 후미오, 이와이 시마코 등 라이트 노벨을 썼던 작가가 장르문학이나 일반 소설에 진입하여 높은 평가를 받는 경우가 늘어났다. 라이트 노벨 작가로 분류되는 마이조 오타로와 사토 유야가 미시마 유키오상을 받는 등 기성 문단에서도 이들을 명실상부한 작가로 인정하기 시작했다. 사쿠라바 가즈키가 『내 남자』로 나오키상을 받은 것도 중요한 사건이었다. 라이트 노벨 자체가 순간적인 읽을거리를 넘어서 문학의 영역에 이미 진입했음을 보여주는 징표는 지속적으로 나오고 있다.

라이트 노벨에서 주목하는 작가를 꼽는다면 우선 니시오 이신이다. 1981년생인 니시오 이신은 아직 대학생이던 2002년 『잘린 머리 사이클』이란 작품으로 23회 메피스토상을 수상하면서 데뷔했다. 이후 데뷔작 『잘린 머리 사이클』을 필두로 아홉 권으로 완결된 '헛소리 시리즈'가 300만 부가 넘는 판매를 기록하며 젊은 층에게 열광적인 인기를 얻었다.

니시오 이신의 작풍을 간단하게 설명하면 라이트 노벨적인 요소와 신본격 미스터리의 요소를 결합한 소설이라고 할 수 있다. 즉 살인 사건을 해결하는 추리소설적 구성을 취하면서도 캐릭터나 인간관계 등은 만화의 청춘물이나 러브코미디적인 설정으로 밀고 나가는 것이다. 온갖 언어유희로 쉴 새 없이 자조적인 혼잣말을 주억거리는 헛소리꾼 이짱을 주인공으로 한 헛소리 시리즈는 라이트 노벨이라는 장르 안에서 미스터리가 어떻게 작동하는지를 보여주는 대표적인 작품이다.

시리즈의 첫 작품이자 데뷔작인 『잘린 머리 사이클』은 절해고도에 틀어박혀 사는 한 재벌이 각기 다른 분야에서 활약하고 있는 다섯 명의 '천재 소녀'를 섬으로 초대하는 것으로 시작한다. 이윽고 머리가 잘린 시체가 발견되면서 본격적으로 정체 모를 살인자, 섬에 고립된 사람들, 밀실 살인, 그리고 연속 살인극의 막이 오른다.

본격 미스터리 장르의 흔한 키워드로 완성된 무대이지만 니시오 이신은 흡사 일본 애니메이션에서나 볼 법한 캐릭터를 곳곳에 배치함으로써 미스터리의 장르적 성격에 더해 만화 매체 고유의 설정을 폭넓게 활용한다. 스스로를 헛소리꾼이라 부르는 이짱의 1인칭 시점으로 전개되는 이 작품은 이짱의 말장난 독백에 갖가지 익숙한 만화적 광경들을 교차시키며 현실세계와는 동떨어진 곳에서 낯선 미스터리 게임을 벌인다. 캐릭터를 구축하는 방식부터 만화적인 설정에 의존하고 있는 것처럼 리얼리티와는 동떨어진 세계를 구축함과 동시에 스스로 창조한 작품 세계에서만 작동 가능한 '논리성'을 규정하는 방식은 분명 이질적이다.

그러나 불가능한 살인이 연이어 일어나고, 범인을 추리하고, 범인을 밝혀낸 후에도 반전을 거듭해 다시금 새로운 결말을 제시하며 독자의 뒤통수를 노리는 아찔한 서사는 라이트 노벨 특유의 과장된 캐릭터와 이질적인 세계관 안에서도 수려한 미스터리극으로 완성된다. 또한 『칼 이야기』 시리즈나 『신본격 마법소녀 리스카』 시리즈처럼 계속해서 강한 적이 등장해 대결을 벌이는 소년 만화적인 '배틀' 요소도 들어 있다. 만화와 애니메이션에 익숙한 일본의 젊은 세대가 기꺼이 열광할 만한 작품이다. 그러면서도 니시오 이신의 소설은 엔터테인먼트적인 면에서만이 아니라 문학계에서도 나름의 평가를 얻고 있다. 그는 철저하게 라이트 노벨의 형식을 취하면서도, 인간의 내면을 탐구하는 면에서 뒤지지 않는 치열한 작가다.

물론 여전히 일본에서도 라이트 노벨이 확고한 평가를 받은 것은 아니다. 다만 소설의 전체 판매에서 라이트 노벨은 이미 30퍼센트 선을 넘은 것으로 보고 있다. 추천 소설이나 우수작을 꼽는 리스트에서도 라이트 노벨이 많이 발견된다. 기존 문학계에서 좋은 평가를 받는 라이트 노벨의 수도 점점 많아지고 있다. 무엇보다 라이트 노벨의 성공은 일본 대중문화의 핵심인 만화와 애니메이션의 연장선, 혹은 확대라는 점에서 주목해볼 만하다. 만화의 상상력이 문자에까지 침투하여 자신의 영역을 넓히고 있는 것이고, 단지 문자를 읽는 것만이 아니라 문자와 이미지의 결합을 시도하고 있기 때문이다. 만화의 왕국 일본에서 독특한 장르로 탄생한 라이트 노벨은 충분히 자신의 권리를 주장할 능력을 갖추게 된 것이다.

    그리고 한국에서도 라이트 노벨은 꾸준히 독자가 늘고 있다. 일본에서 온 라이트 노벨만이 아니라 국내 작가들이 쓴 라이트 노벨도 순항하고 있다. 일본 만화와 애니메이션의 독자였고, 다시 라이트 노벨의 독자가 된 이들은 한국 상황에 맞게 라이트 노벨을 쓰는 것이 크게 어색하지 않다. 라이트 노벨 자체가 가상의 시공간이나 현실일지라도 가상의 설정이 덧붙여져 있는 경우가 많고, 인물의 관계와 사건이 비현실적인 경우가 많기 때문이다. 그런 점에서 국내 작가가 쓰는 라이트 노벨은 일본 작품보다 친숙하게 독자에게 다가갈 가능성이 있다.

부록 1

웹소설 작가 인터뷰

최영진(청빙)

어떤 계기로 웹소설가로 활동하게 되셨나요?

2013년 1월 네이버에서 '웹소설'이라는 매체를 처음 만들었을 때 함께 시작하게 되었습니다. 사실은 2012년 10월부터 심사를 거쳐 연재 확정 통보를 받고 미리 준비하고 있었고요. 그 뒤로 다른 글도 쓰지만 웹소설을 중심으로 쓰고 있습니다.

웹소설 시장이 확장되면서 많은 작가들이 유입되었습니다. 이와 관련해 어떤 점이 변화했다고 보세요?

가장 큰 변화는 누구나 쉽게 작가가 될 수 있다는 접근성 향상과 웹소설이 주로 다루는 장르소설에 대한 인식의 전환이라고 봅니다. 제가 데뷔했을 때만 해도 책을 내는 통로는 상당히 제한적이었고, 소위 장르소설을 쓰는 사람들은 작가로 취급받지도 못했어요. 저 역시 문예창작과 출신이다 보니 아무래도 판타지소설을 쓴다고 대놓고 떠들 수 없었죠.

하지만 이제는 누구나 자유롭게 글을 올리고 독자들의 반응이 있으면 바로 수익을 낼 수 있는 형태의 플랫폼이 여럿 생겼습니다. 이건 장점도, 단점도 될 수 있는데요. 단점이라는 것도 결국 '거시적으로 봤을 때 장르소설 전체의 질적 저하' 같은 입증하기 어려운 부분이라 좋아진 점이 훨씬 많다고 생각합니다. 작가들의 수입이 늘어난 것도 빼놓을 수 없는 긍정적 변화겠지요.

주로 활동하고 있는 네이버 웹소설과 다른 플랫폼의 차이점 및 특징은 무엇이라고 생각하십니까?

작가 입장에서 가장 명확한 차이는 두 가지입니다. 첫째는 '네이버'라는 브랜드가 가지는 인지도입니다. 다른 플랫폼을 얘기하면 어리둥절해하던 주변인들도 네이버에서 연재한다고 하면 반응부터 달라지거든요. 그렇다고 포장만 믿고 실속이 없으면 오래가기 어렵겠죠. 그런 점에서 둘째 차이는 상당한 액수의 기본 원고료를 작가에게 지급해 창작의 안정성을 보장한다는 점인데요. 선인세와 원고료는 비슷한 것 같으면서도 무척 다릅니다. 기타 사소한 차이라면 매 회마다 삽화와 대사 옆에 인물 아이콘이 들어간다는 점 등이 있겠네요. 그 외에 수익 배분까지 들어가면 이야기가 복잡해지므로 생략하겠습니다.

작가로서 느끼는 최근 웹소설의 동향은 어떠합니까?

처음에는 이게 뭐냐, 곧 망할 거다, 삽질이다 등 부정적인 반응이 많았던 것으로 기억해요. 삽화와 아이콘이 생소하기도 했을 거고, 내용적인 면에서도 '귀여니'를 양산한다는 등 우려가 많았죠. 하지만 그 뒤로 웹소설 시장은 출판계가 어려운 와중에도 꾸준히 성장했고, 앞으로도 더욱 커질 것으로 보입니다. 자연히 독자들도 점차 호의적으로 변했죠. 이제는 작품에 대한 불만은 있을지언정 웹소설 자체에 부정적인 독자는 찾아보기 어렵습니다. 이건 네이버 웹소설에 한정된 이야기인데, 삽화가들만의 팬층이 따로 생기기도 했습니다. 웹드라마나 게임, 대기업 홍보용 등 2차 저작 범위도 점차 넓어져가고 있죠. 웹소설이 생기기 이전 장르소설 바닥을 거쳐갔던 과거의 유행이 웹소설에서 부흥하는 것도 흥미로운 점입니다.

아쉬운 점은 없습니까?

직업으로서는 아쉬운 점이 거의 없습니다. 일하는 장소와 시간이 자유로운 편이고, 편차는 있지만 수입도 비교적 좋은 편입니다. 다만 스낵 컬처의 특성상 소비되고 잊히는 속도가 무척 빠르다는 아쉬움이 있죠. 연재 형식이다 보니 작가로서 늘 신경이 곤두서 있고 작업량이 과도하긴 합니다. 또 웹소설이나 연재 플랫폼에 대한 이해 없이 무작정 플랫폼을 만들었다가 한두 달 만에 폐쇄하거나, 에이전시를 자처하는 어설픈 사기꾼들이 좋은 분위기에 찬물을 끼얹는 경우가 가끔 있습니다.

네이버 웹소설을 처음 만들 때 함께 시작했다고 하셨는데, 좀더 자세하게 그 과정을 말씀해주세요.

네이버가 웹소설을 런칭할 때 네이버 측에서 먼저 여러 작가 그룹에 연락을 했습니다. 당시 장르소설 작가들은 강남, 일산, 부산 등 여러 그룹으로 나뉘어서 활동하고 있었거든요. 그게 2012년 10월경이었는데, 웹툰에 이어서 웹소설(당시 가칭은 웹노블)을 런칭하려고 하니 심사할 원고를 준비해달라는 내용이었어요. 당시 주요 판매 통로였던 대여점이 속속 사라지고 독자들도 대거 이탈하는 등 장르소설 시장이 아주 암울한 시기였기 때문에 저는 이게 큰 전환점이 될 거라 생각했습니다. 더구나 작가 이름을 가리고 내용만 보겠다며 쟁쟁한 스타 작가들과 경쟁할 수 있겠다는 자신감도 부여해주었고요. 그래서 예전부터 구상했던, '현실 세계가 게임 세상으로 바뀐다, 그런데 그것은 신 노릇을 하던 외계인이 인간에게 내린 심판이었다'는 내용으로 합격해 스타팅 멤버로 참여하게 됐습니다. 그전에도 인터넷에 연재하는 형태의 소설은 많았지만 대부분 출간이 주목적이어서 연재 자체가 수입이 되는 형태는 전무했기에 우려하는 사람들도 많았습니다. 하지만 네이버라는 브랜드와 이미 웹툰을 성공으로 이끈 바 있는 김준구 대표의 저력을 믿었죠. 그 결과 지금까지 네이버 웹소설에 작품을 연재하고 있습니다.

웹소설과 기존 소설의 차이점은 무엇이라고 생각하세요?

가장 큰 특징은 스마트 기기, 정확히는 스마트폰에 최적화된 소설이라는 점입니다. 내용도, 형태도 그렇습니다. 예를 들어 저는 스마트폰 화면을 자로 일일이 재서 만든 틀을 컴퓨터 화면에 띄워놓고 글을 씁니다. 독자가 스마트폰으로 볼 때 실제로 어떻게 보이는지 체감하기 위해서죠. 이러다 보니 문장도 대개 단문 위주고, 어려운 단어도 가급적 자제합니다. 스마트폰으로 웹소설을 보는 독자들은 대부분 이동 시간이나 휴식 시간에, 혹은 잠자리에서 가볍게 봅니다. 어떨 때 스마트폰을 만지면서 노는지 떠올려보면 쉽게 이해할 수 있죠. 내용 역시 거기에 맞춰 쓰려고 합니다. 너무 어둡거나 추상적이거나 현학적이지 않도록 하기 위해서죠.

일주일 단위의 원고 마감 스케줄이 있는 생활은 어떤 모습일까요?

마감 일정이 매우 빡빡한 편입니다. 제가 동시에 세 작품을 쓰고 있어서 더 그렇죠. 하나는 네이버 웹소설 정규 연재 작품이고, 다른 하나는 정규 연재하다 종료하고 N스토어로 옮겨간 작품, 나머지 하나는 다른 기업의 외주를 받아 진행 중인 작품입니다.

네이버 웹소설을 예로 들면, 월요일에 A작품 한 편을 써서 화요일 오전에 보내고 그날 중에 교정 작업과 연재 게시판으로의 이펍 업로드를 진행합니다. 화요일에는 다른 B작품 한 편을 써서 수요일 오전에 보내 앞서 언급한 작업을 진행하고, 수요일에는 또 A작품의 목요일 연재분을 써서 보냅니다. 목요일에는 삽화가에게 드릴 가이드를 작성하고 타 업체 작품을 씁니다.

이런 식으로 일주일이 거의 톱니바퀴처럼 빽빽하게 돌아갑니다. 특별한 일이 없으면 토요일 오후부터 일요일 아침까지 반나절 정도가 유일한 휴식 시간입니다. 그러다 보니 구상은 따로 시간을 내서 하는 게 아니라, 평소에 합니다. 밥 먹을 때라든지 잠자기 전 등등 줄곧 생각하다 앉자마자 바로 쓰기 시작합니다. 세 작품 각각의 설정 노트를 써가면서 뒤엉키지 않으려고 노력하죠. 내용 진행에는 큰 어려움을 못 느끼지만, 나이 들면서 아주 가끔 작중 인물명을 틀릴 때가 있어요.

작품을 구상할 때 어떤 부분을 가장 중요하게 생각하십니까?
중심 소재는 어차피 네이버 편집회의를 거쳐야 하므로 본격적인 구상은 그 뒤부터 이루어집니다. 편집회의를 통과해 연재가 확정됐다면, 본격적으로 연재를 시작하기 전까지는 이야기 호흡이 늘어지지 않고 어떻게 끝까지 순조롭게 연재할 수 있을지를 중점적으로 고민합니다. 최소 1년 반 이상 연재하는 일종의 마라톤이기 때문에 작가 자신이 쓰다가 싫증나거나 지치면 힘들어지기 때문입니다. 당시 유행하는 장르나 소재는 전혀 고려하지 않습니다.

글을 쓸 때 가장 중요하게 생각하는 부분은 무엇인가요?

반드시 한 회 안에 삽화로 시각화할 수 있는 흥미로운 요소를 넣는 것입니다. 기본적으로 연재 형태이기 때문에 두 회만 지루해져도 바로 독자들이 떨어져 나가기 때문이죠. 가볍고 쉬운 글이면서도 독자들이 유료 결제가 아깝지 않다는 생각이 들 만한 작품성을 유지하려고 노력합니다.

특정 연령의 독자를 염두에 두고 작업하는 경우도 있나요?

한때 그렇게 작업하기도 했는데 별 의미가 없다고 생각해 차기작부터는 그냥 제 생각대로 쓸 예정입니다. 타깃 독자의 연령대가 낮으면 연재 순위가 높은 편이고 연령대가 높으면 유료 결제 수익이 많습니다. 둘 모두를 포용할 수 있으면 좋겠지만 쉽지 않네요.

독자들의 반응이 작품에 영향을 끼치는 경우도 있을까요?

이건 작가마다 다를 것 같은데, 저 같은 경우는 어느 정도 영향을 받습니다. 예를 들어 금방 죽이려 했던 인물이었는데 뜻밖에도 독자들의 호응이 좋으면 주요 캐릭터로 부상시키기도 하죠. 인기 있는 캐릭터와 연관된 가벼운 에피소드를 추가하기도 하고요. 하지만 이야기의 큰 줄기 자체는 처음 구상한 대로 이끌어가는 편입니다. 다른 플랫폼에서는 자유연재를 하다 반응이 나쁘면 바로 접고 유료화 가능성이 있는 새로운 작품을 다시 연재하곤 하는데요. 네이버 웹소설 정규 연재에서는 사실상 불가능한 일이라 어쩔 수 없이 댓글을 어느 정도 참고하게 됩니다.

웹소설에서 편집자의 역할은 어떻게 됩니까?

네이버 기준으로 본다면 기본적인 오탈자 교정, 수위 검사 및 조정, 작가 관리 등을 하고 있습니다. 신작을 준비할 때 서로 의견을 많이 주고받는데, 일단 연재가 시작되면 거의 작가 재량에 맡기는 편입니다.

작품이 기존 장르문학에서 많이 벗어나면 독자들은 어려움을 느끼고, 반대로 장르화된 부분을 답습하면 진부하다고 느낍니다. 이 부분을 어떻게 조율하나요?

저는 감에 많이 의존하는 편인데, 기존 장르문학 안에서도 늘 독자들이 좋아하는 공식 같은 게 있습니다. 예를 들어 『드래곤볼』처럼 강력한 적이 아군이 된다거나, 『원피스』처럼 새로운 적이 속속 앞길을 가로막는 것 등이죠. 이런 검증된 공식은 계속 가져가면서 소재 면에서 기존 장르를 탈피하려고 노력합니다. 또 만약 완전히 새로운 소재나 배경을 활용해야 한다면, 새로운 용어를 만들기보다는 최대한 쉬운 어휘를 사용해 장벽을 낮추려고 노력합니다.

현재 웹소설에서 블루오션이 있다면 무엇일까요?

처음부터 로맨스가 블루오션이었는데, 앞으로도 당분간 로맨스가 블루오션일 겁니다. 웹소설은 매 화 에피소드가 진행되고 다음 화를 기대하게 만들어야 한다는 점에서 드라마와 매우 비슷하죠. 특히 로맨스 장르는 드라마화에 최적화되어 있을 뿐 아니라 우리나라 사람들이 워낙 사랑 이야기를 좋아하기도 합니다. 그래서 네이버를 비롯한 주요 웹소설 플랫폼도 로맨스 장르로 편중될 수밖에 없죠. 특히 여성 독자가 70퍼센트 이상인 네이버 웹소설은 판타지를 가장한 로맨스, 무협의 탈을 쓴 로맨스라는 우스개가 있을 정도죠. 처음에는 그 점이 아쉬웠지만, 그렇다고 제가 로맨스를 쓸 수도 없는 것이고 해서 제가 쓰는 장르 안에서 다른 길을 개척하기로 했습니다. 실제로 얼마 전부터 성과도 나고 있고요. 이런 장르 편중화는 결국 독자들의 선택에 따른 자연스러운 현상이라고 생각합니다.

웹소설 작가로서 고충이 있다면 말씀해주세요.

어떤 일이나 그렇겠지만, 요통과 손가락 관절염, 편두통 같은 직업병이 있습니다. 그리고 스케줄이 빡빡하다 보니 사람들과 자주 만나지 못하고, 하루의 대부분을 앉아서 일하는 탓에 허리 사이즈가 계속 늘어납니다. 웹소설 특성상 댓글 반응이 실시간으로 달리는데, 가끔 작가를 인격적으로 모독하거나 작품 자체를 부정하는 댓글이 달리면 후유증이 오래 가기도 합니다. 한때는 '악플' 때문에 자살한 연예인들의 심정이 이해갈 때도 있었죠. 다행히 그런 댓글보다는 응원하고 좋아해주시는 글이 대부분이라 이 일을 계속하고 있습니다.

지금까지 쓰신 작품 중 가장 좋아하는 작품은 무엇인가요? 그 이유도 말씀해주십시오.

『호접몽전』을 꼽고 싶네요. 자료 조사와 준비를 가장 많이 했고, 제가 쓴 글 중에서 분량도 가장 많습니다. 원고지로 대충 2만 장 정도의 분량인데 지금까지도 연재하고 있죠. 또 좋아해주시는 독자들도 제일 많고요. 웹소설 작가로서 저를 알린 작품이라 더더욱 애정이 갑니다. 『삼국지』를 소재로 한 만큼 판타지이면서도 동시에 최대한 고증에 심혈을 기울였고, 원작 자체가 호흡이 긴 작품이다 보니 분량도 많아졌습니다. 이래저래 다른 작품을 쓸 때보다 몇 배로 힘들었지만,

그걸 알아주시는 독자들이 늘어나면서 입소문도 타고 더불어 유료 결제 비중도 무척 높아졌어요. 성실하게 쓴 작품은 결국 독자들을 끌어들인다고 생각합니다. 물론 그전에 재미있어야 하겠지만요.

최근 주목하고 있는 작품이 있나요?

이재익 작가님의 『모두 너였다』입니다. 처음부터 미스터리 스릴러라는, 웹소설 중에서도 가장 마이너한 장르에서 꾸준히 양질의 작품을 내셨는데, 이 작품에서 그간의 경험과 감각이 폭발했다고 생각합니다. SF, 스릴러, 로맨스 요소가 절묘하게 버무려진 멋진 작품입니다.

웹소설 작가로서 가장 중요한 자질은 무엇일까요?

무엇보다 성실성입니다. 가끔 『달빛 조각사』의 남희성 작가님처럼 작가 자신의 천재성과 시대적 타이밍이 절묘하게 맞아떨어져 폭발하는 경우도 있습니다만, 이는 극히 어렵고 마음대로 되지도 않습니다. 반면 성실성은 노력만 한다면 누구나 갖출 수 있습니다. 웹소설은 기본적으로 연재 형태인 만큼 성실함이야말로 가장 중요한 자질입니다.

마지막으로, 웹소설 작가를 꿈꾸는 후배들에게 한 말씀 해주시죠.

쓰기 전에 기존에 연재되고 있거나 성공한 다른 웹소설을 단 한두 작품이라도 꼭 읽어보라고 하고 싶습니다. 때때로 기본적인 지식조차 없음에도 무조건 어떻게 쓰느냐고 물어보는 분들이 많아서 당황스러울 때가 있습니다. 또 예전에 쓴 글이나 소재라도 절대 버리지 말고 모두 보관하시고요. 하루에 최소 5,000자 이상은 쓰는 습관이 몸에 배어야 합니다. 그러면 웹소설 작가의 기본은 갖춰진 것입니다. 웹소설 작가는 4대보험도 없고 정규직도 아닙니다. 하지만 원하는 시간에, 원하는 장소에서 내가 좋아하는 일을 할 수 있는 멋진 직업입니다. 아무쪼록 꼭 작가로서 성공하시길 바랍니다.

최영진(청빙)

명지대학교 문예창작과를 졸업하고, 2007년 문피아에 연재한 뒤 출간한 판타지소설 「문답무용」으로 데뷔했다. 이후 「파이널 에볼루션」, 「요마전기」, 「임페리얼 로드」, 「잘린 머리의 속삭임」, 「도깨비왕」 등을 연재하고 출간했다. 2013년 1월에는 '프로젝트 J' 네이버 웹소설 스타팅 멤버로 정규 연재를 시작했다. 2014년부터 「호접몽전」을, 2016년부터 「데빌게이머 파우스트」를 현재까지 연재하고 있다. 2016년 「도전! 웹소설 쓰기」(공저)를 출간했다.

부록 2

웹소설 플랫폼 및 공모전

이 책에 실린 웹소설 플랫폼은 자유롭게 연재가 가능하거나, 투고를 하면 플랫폼 측의 제안을 거쳐 연재를 할 수 있는 사이트이다. 공모전은 업체 상황에 따라 폐지 혹은 변경될 수 있다. 따라서 자세한 연재, 공모전 정보는 해당 플랫폼에 문의를 하길 바란다.

네이버 웹소설 novel.naver.com
- 네이버북스 미스터리 소설 공모전(쇼박스, 해냄 콜라보) : 호러, 스릴러, 추리 등
- 로맨틱 판타지아 공모전 : 로맨스판타지 분야

톡소다(교보문고) www.tocsoda.co.kr
- 톡소다 쇼미더팬덤 공모전 : 로맨스, BL, 판타지, 무협, 라이트노벨, 추리, 미스터리, 일반소설
- 교보문고 스토리 공모전 : 장르 불문

예스 24 e-연재 http://estory.yes24.com/eStory
- 로맨틱 콜라보 공모전 : 장편(로맨스-역사, 현대, 판타지), 단편(장르 불문)

문피아 www.munpia.com
- 문피아 대한민국 웹소설 공모대전 : 판타지, 무협, 현대물, 스포츠 등 모든 장르

조아라 www.joara.com
- 노블레스 신규작품 77페스티벌 : 로맨스, 판타지, 퓨전 등 노블레스 장르 중 선택

북팔 www.bookpal.co.kr
- 판타지 장르소설 공모전 : 판타지, 무협, 퓨전, 미스터리, 추리, 역사, SF

레진코믹스 www.lezhin.com
- 웹소설 only BL 공모전 : BL

스낵북 www.snackbook.net
- 손끝 웹소설 공모전 : 장르 불문

카카오페이지 page.kakao.com
- 모바일 소설 공모전(다산북스 콜라보) : 장르 불문

북큐브 www.bookcube.com
- 북큐브 로맨스/BL 웹툰 공모전 : 원작소설 5편을 웹툰화

펀치라인 www.funchline.com

- CJ E&M–펀치라인 웹소설 공모대전 : 장르 불문

리디스토리 (모바일 어플리케이션)

- 리디북스 로맨스 소설 공모전 : 장편 로맨스 소설

로망띠끄 new.toto-romance.com

- 로망띠끄 웹소설 공모전 : 무협 로맨스, 판타지 로맨스, 일반 로맨스 등

원북스 ONE books (모바일 어플리케이션)

- 판타지 웹소설 공모전(다산북스 콜라보) : 판타지, 무협, 로맨스판타지, 퓨전 등

웹소설 작가를 위한 장르 가이드 10
웹소설 작가 입문

2017년 5월 23일 1판 1쇄 인쇄
2017년 5월 31일 1판 1쇄 발행

지은이   김봉석, 강상준
펴낸이   한기호
펴낸곳   북바이북
           출판등록 2009년 5월 12일 제313-2009-100호
           주소 121-839 서울시 마포구 서교동 484-1 삼성빌딩 A동 2층
           전화 02-336-5675 팩스 02-337-5347
           이메일   kpm@kpm21.co.kr

ISBN 979-11-85400-56-3 04800
     979-11-85400-19-8 (세트)

북바이북은 한국출판마케팅연구소의 임프린트입니다.
책값은 뒤표지에 있습니다.